Gymnasium Bayern

Deutschbuch

Arbeitsheft 7

Lösungen

Cornelsen

Materialgestützt informieren – Thema „Digitales Fasten“

Seite 4

1 **Mögliche Markierungen:**
Überfluss an Informationen – „Der Mensch ist nicht dafür geschaffen, ständig online zu sein“
Ist es noch normal, wie oft ich zum Handy greife? Wenn du zu den 46 Millionen Menschen in Deutschland gehörst, die ein Smartphone besitzen, hast du dir diese Frage sicher schon mal gestellt. Und dann vermutlich abgewunken.
Im Vergleich zu den Freaks, die nur noch auf ihr Display starren, bist du schließlich noch harmlos.
Aber stimmt das? Um genauer zu erforschen, wie häufig, wie lange und zu welchem Zweck User ihr Mobiltelefon in die Hand nehmen, haben Wissenschaftler von der Universität Bonn die App „Menthal“ entwickelt. Wer diese herunterlädt, erlaubt dem Institut für Informatik der Universität, die Nutzungsdaten zu verwenden.
Die Forscher haben die Daten von 60 000 Smartphone-Nutzern ausgewertet. Das Ergebnis: Zweieinhalb Stunden beschäftigten sie sich täglich mit dem Smartphone, Jugendliche sogar drei. Selbst beim Abendessen oder bei der Arbeit griffen die Probanden zum Handy, scrollten durch Nachrichten, checkten Mails.

2 **Mögliche Zusammenfassung:** 46 Millionen Deutsche besitzen ein Smartphone. Nach einer Studie mit 60 000 Teilnehmern nutzen diese es durchschnittlich 88-mal täglich. Sie checken 35-mal die Uhrzeit / neue Nachrichten und 53-mal benutzen sie Apps oder surfen. Alle 18 Minuten unterbrechen sie dafür ihre Tätigkeit. Die Uni Bonn hat „Menthal“ (App zum Speichern und Auswerten der Nutzungsdaten von Smartphone-Besitzern) entwickelt. Die 60 000 Nutzer sind 2,5 (Jugendliche 3) Std. am Handy, auch während des Essens / der Arbeit.

Seite 5

3
a Am besten passt die Überschrift: **Welche digitalen Geräte nutzen Jugendliche zumindest ab und zu?**
b **Mögliche Beschreibung:** Es wird dargestellt, wie viele Jugendliche einer Altersgruppe (zumindest ab und zu) ein Tablet oder ein Smartphone benutzen.
c richtig: **A, E** falsch: **C, D** nicht enthalten: **B**
d **Mögliche Zusammenfassung:** In den Jahren 2014 bis 2017 ist die Nutzung von Smartphones und Tablets durch Jugendliche erheblich gestiegen.

Seite 6

4 **Mögliche Definition:** Digital Detox (deutsch: digitale Entgiftung) ist ein Verzicht auf Smartphones und Apps.
Man kann z. B. gemeinsam mit der Klasse sein Handy wegschließen und wichtige Apps ersetzen.

5
a Risiken, positive Auswirkungen
Likes und Nachrichten sorgen für die soziale Bestätigung, haben aber auch ein großes Suchtpotenzial: [...] „So erzeugen die neuen Medien Stress, der körperliche Folgen wie Magengeschwüre oder Schlafstörungen haben kann. Auch die Psyche ist bei Dauerstress in Gefahr: Depressionen, Erschöpfung und Burnout sind möglich.“
[...] „Digitales Fasten ist wichtig: Die Körperhaltung verbessert sich, weil man nicht mehr runter auf das Display schaut, die Empathiefähigkeit steigt, man hört anderen besser zu, strengt sein Gehirn an, statt zu googeln, ist also kreativer, schläft besser ohne das helle Licht des Displays und nimmt seine Umwelt und Mitmenschen anders wahr“, bringt es Otto auf den Punkt.
b Prof. Lembke hält einen kompletten Verzicht auf das Smartphone für nicht nötig und wirbt für eine reduzierte und bedachte Nutzung.

Seite 7

6 a + b + c;
8 a **Mögliche Mind-Map:**

digitales Fasten

Wie nutzen Jugendliche digitale Medien?
- **Häufigkeit/Dauer:** durchschnittlich 3 Std. (auch während Arbeit und Essen)
- **Art der Nutzung:** Apps, Surfen, Checken von Uhrzeit / neuen Nachrichten

Welche positiven Auswirkungen hat Verzicht?
- **Vorteile:** verbesserte Körperhaltung, mehr Empathie, kreativer, besserer Schlaf, hört anderen besser zu, strengt Gehirn mehr an

Was ist „digitales Fasten“?
- **Definition:** Verzicht auf Smartphones & Apps
- **Möglichkeiten der Umsetzung:** Ersatz von wichtigen Apps, Verzicht in der Gruppe

Welche Probleme sind mit einer übermäßigen Handynutzung verbunden?
- **Risiken:** Suchtpotenzial, Stress, Magengeschwüre, Schlafstörungen, Depression, Burnout

7 **a + b** Die gedankliche Struktur **A** ist am besten für meinen Informationstext geeignet, weil ich über das „digitale Fasten“ in seiner Umsetzung und mit seinen Vorteilen informieren will.

8 **b Möglicher Schreibplan:**

gedankliche Struktur	Stichworte/Information
Problem	übermäßige Handynutzung: Suchtpotenzial, Stress etc.
Maßnahmen	digitales Fasten: (gemeinschaftlicher) Verzicht auf Handy/Apps
Folgen/Auswirkungen	Vorteile: verbesserte Körperhaltung, Empathie, Schlaf, Kreativität

Seite 8

8 **a** geeignetste Einleitungen: **C, D**

9 **b Mögliche Einleitung:** Mal ehrlich! Wie oft hast du heute schon zum Handy gegriffen? Und wie oft hast du dafür deinen Stift beim Hausaufgabenmachen, oder deine Gabel beim Mittagessen weggelegt? Laut einer Studie verbringen wir Jugendliche drei Stunden am Smartphone. Aber damit ist beim digitalen Fasten Schluss!

10 **Obwohl** die negativen Folgen einer übermäßigen Handynutzung bekannt sind, benutzen viele Jugendliche es ständig, **weil** es ihnen schwerfällt, das Handy zur Seite zu legen. **Deswegen** ist eine besondere Motivation für einen Verzicht nötig. **Beispielsweise** kann ein gemeinsames Fasten hilfreich sein.

11 **a Möglicher Informationstext:**

Für einen gesunden Umgang mit dem eigenen Körper

Mal ehrlich! Wie oft hast du heute schon zum Handy gegriffen? Und wie oft hast du dafür deinen Stift beim Hausaufgabenmachen oder deine Gabel beim Mittagessen weggelegt? Laut einer Studie verbringen wir Jugendliche drei Stunden am Smartphone. Aber damit ist beim „digitalen Fasten“ Schluss!

Überschrift/Einleitung:
neugierig machende Hinführung zum Thema;
der Leser wird angesprochen;

Die übermäßige Handynutzung führt zu vielen gesundheitlichen Problemen, *weil* **nach Ansicht der Autorin Dr. Otto die neuen Medien Schlafstörungen, Dauerstress und sogar Depressionen hervorrufen können.**
Der bewusste Verzicht auf das Smartphone stellt eine Maßnahme dar, seinen Körper zu schützen. Du kannst z. B. mit deiner Klasse, deinen Freunden oder deiner Familie gemeinsam „digital fasten“. *Obwohl* die Dauer dabei nebensächlich ist, erweist sich beim Verzicht auf das Smartphone laut dem Digitalexperten Dr. Lembke als wichtig, dass du eine richtige und heilsame Balance zwischen Nutzung und Nichtnutzung findest.
Nach Dr. Otto sind die Vorteile eines solchen „digitalen Fastens“ vielseitig, *denn* **du verbesserst damit nicht nur deine Körperhaltung und deine Empathiefähigkeit, sondern kannst auch besser schlafen und kreativer sein.**

Hauptteil:
sinnvolle Gliederung von Problem, Maßnahme, Folgen in Absätzen;
Synonyme für Handy und Diät werden verwendet;
indirekte Rede;
Satzverknüpfungen;
Präsens

Die negativen Folgen der übermäßigen Handynutzung lassen sich also mittels einer „digitalen Diät“ verhindern, *sodass* du zufriedener und gesünder durch den Alltag gehst und dein Umfeld wahrnimmst, anstatt gebückt auf dein Smartphone zu starren. Unterschreibe auch du die Petition unserer Schülerzeitung, damit wir einen „Diät-Tag“ in unserer Schule einführen können!

Schluss:
Zusammenfassung;
Ausblick

Über den Inhalt einer Geschichte informieren – Ilse Aichingers „Das Fenster-Theater“

Einen literarischen Text zusammenfassen

Seite 9

1 **Mögliche Leseeindrücke und Fragen an den Text:**
spannende Geschichte; Handlungsverlauf ist unvorhersehbar und dramatisch;
erst am Ende wird klar, worum es geht; Auflösung der Geschichte ist überraschend;
Warum blickt die Frau ständig aus dem Fenster?
Was hat es mit dem Mann eigentlich auf sich? Ist er allein und einsam?
Oder ist er einfach ein netter alter Herr, der Zeit hat und ein Kind unterhalten will?

Seite 10

2

Wer sind die wichtigen handelnden Figuren?	**Wo befinden sich diese Figuren?**
beobachtende Frau	steht am Fenster
alter Mann	im Nachbarhaus
kleines Kind (am Ende der Geschichte)	in der Wohnung oberhalb der alten Frau

3 **Mögliche Erklärung:** Die Überschrift lässt eine Theatervorführung erwarten und der alte Mann veranstaltet am Fenster für das Kind auch ein „Theater". Das eigentliche „Theater", also das große Aufsehen um einen kleinen Anlass, veranstaltet jedoch die am Fenster beobachtende Frau, indem sie die Polizei ruft. Man weiß aber nicht, wie dieses „Theater" endet.

Seite 11

4 **beste Umschreibung:** **C** oder **D**

5 **a + b Mögliche Zusammenfassung der Handlungsschritte:**

Handlungsschritt 1 (Z. 1–23): Eine Frau abends am Fenster
Frau beobachtet an einem Fenster im Haus gegenüber einen alten Mann; vermutet, dass er Kontakt zu ihr aufnehmen möchte.
Handlungsschritt 2 (Z. 24–43): Seltsame Vorstellung
alter Mann führt Kunststückchen vor; Frau ist zunehmend verwundert und ruft Polizei;
Handlungsschritt 3 (Z. 44–55): Polizei rückt an
Polizei kommt näher; Mann setzt Vorführung fort;
Handlungsschritt 4 (Z. 56–82): Polizisten dringen in Wohnung ein
Polizei trifft ein; Frau rennt auf die Straße; Menschenmenge versammelt sich und folgt den Polizeibeamten ins Haus; Polizisten brechen Tür der Wohnung auf; dringen ein, alter Mann ist schwerhörig und bemerkt nichts;
Frau sieht ihr eigenes Fenster gegenüber;
Handlungsschritt 5 (Z. 83–93): Auflösung der Situation
Wendepunkt durch Sicht aus dem Fenster des alten Mannes; er hat für ein Kind gegenüber gespielt.

6 **Möglicher Einleitungssatz:** In der Kurzgeschichte **„Das Fenster-Theater"** von **Ilse Aichinger** aus dem Jahr **1953** wird beschrieben, wie eine Frau **die ungewöhnlichen Gesten eines alten Mannes missversteht.** Erst am Ende der Geschichte stellt sich heraus, dass **die lustige Theatervorstellung des Mannes für einen kleinen Jungen bestimmt war.**

7 **Mögliche Wiedergabe mit eigenen Worten:** Als der alte Mann zu der Frau herübernickt, ist sie nicht sicher, ob er sie meint. Sie geht davon aus, dass sie allein im Haus ist.

Seite 12

8 **Mögliche Verwendung der Verknüpfungen oder Satzanfänge:**
A Zu Beginn der Kurzgeschichte beobachtet die Frau am gegenüberliegenden Fenster einen Mann, der ihr durch seine Verkleidung und seltsame Gesten auffällt. – **B Anfangs** vermutet sie, dass er Kontakt zu ihr aufnehmen möchte. – **C Da** sie das Verhalten des alten Mannes zunehmend sonderbar findet, ruft sie die Polizei. – **D** Mit vielen anderen folgt die Frau **anschließend** den Polizeibeamten zur Wohnungstür des Mannes, die **schließlich** gewaltsam aufgebrochen wird. – **E** Der alte Mann bemerkt den Polizeieinsatz nicht, **weil** er schwerhörig ist. – **F Nun** müssen die Polizisten und die Frau erkennen, dass der Mann für einen kleinen Jungen Theater gespielt hat. – **G Obwohl** dieser mit seinen Eltern in das Stockwerk über der Frau eingezogen ist, hat sie dies nicht bemerkt.

9 **Mögliche Inhaltsangabe:**
(Einleitung) In der Kurzgeschichte „Das Fenster-Theater" aus dem Jahre 1953 beschreibt die Autorin Ilse Aichinger, wie eine Frau die ungewöhnlichen Gesten eines alten Mannes missversteht. Erst am Ende der Geschichte stellt sich heraus, dass die lustige Theatervorstellung des Mannes einem kleinen Jungen gilt.
(Hauptteil) Zu Beginn der Kurzgeschichte beobachtet die Frau am gegenüberliegenden Fenster einen Mann, der ihr durch seine Verkleidung und seltsame Gesten auffällt. Anfangs vermutet sie, dass er Kontakt zu ihr aufnehmen möchte. Da sie das Verhalten des alten Mannes zunehmend sonderbar findet, ruft sie die Polizei. Während die Polizei näher kommt, setzt der alte Mann seine Vorstellung fort. Als die Polizeibeamten schließlich eintreffen, folgt die Frau, die unten vor der Haustür auf sie gewartet hat, aber auch eine neugierige Menschenmenge ihr ins Haus bis zur Wohnungstür des Mannes. Die Tür wird schließlich von der Polizei gewaltsam aufgebrochen. Der Mann bemerkt den Polizeieinsatz nicht, weil er schwerhörig ist. Nun erkennen die Polizisten und die Frau, dass der Mann für einen kleinen Jungen im Haus gegenüber Theater gespielt hat. Dieser scheint allein zu sein und der alte Mann hat ihn unterhalten. Obwohl der kleine Junge mit seiner Familie schon vor einer Weile das Stockwerk über der Frau eingezogen ist, hat sie das nicht bemerkt.

Überzeugend Argumentieren – „Lästern in sozialen Netzwerken?“

In einem Leserbrief begründet Stellung nehmen

Seite 13

1 Individuelle Lösung

Seite 14

2 a Das Thema als Frage: „Sollte man Läster-Foren im Internet sperren?“

b Behauptung, Begründung, Beispiel

Mirko Klemens, Burghausen: Ich finde Ablästern im Chat gut. Wenn jemand einen beispielsweise den ganzen Tag nervt, dann will man doch einfach mal bei anderen Dampf ablassen. Das ist doch okay!

Merle Kärber, Traunstein: Lästern ist oft nah dran am Mobbing und das sollte auch in sozialen Netzwerken verboten werden! Denn das Opfer muss oft lange Zeit unter den Anfeindungen leiden. Bei uns auf dem Schulhof wird schon genug gelästert und man merkt, wie gemein das ist.

Nele Vennry, Fürth: Lästern in sozialen Netzwerken ist feige und unfair. Oder geht es zum Beispiel irgendjemanden etwas an, ob man gerade ein Kilo zugenommen hat oder nicht? Es ist nicht dasselbe, ob so etwas auf dem Schulhof oder im Internet herumgeht, da es im Netz sehr viel mehr Leute mitbekommen. Für mich ist das Lästern in sozialen Netzwerken nichts anderes als Mobbing.

Theresie Suhr, Schongau: Die Accounts von jemandem, der lästert, zu blockieren, das geht gar nicht! Das wäre Internet-Zensur und gehört daher in einem Rechtsstaat wie Deutschland verboten. Wenn man solche Beiträge blockiert, hilft man dem Opfer nicht, sondern duckt sich nur weg, da der Betroffene nämlich einfach weitergemobbt wird, zum Beispiel in einem anderen Netzwerk.

Samuel Rabe, Augsburg: Man sollte das Lästern in den sozialen Netzwerken verbieten. Wenn man motzen will, dann im Freundeskreis, denn im Internet kann man solche Sachen kaum mehr löschen. Stell dir mal vor, du lästerst fröhlich über jemanden und nachher triffst du ihn und findest ihn ganz nett. Wäre doch schrecklich!

c **Mögliche Lösung:**

pro	kontra
– Die Opfer leiden womöglich lange Zeit unter den Anfeindungen. – Die veröffentlichten Informationen gehen nicht alle etwas an. – Was einmal im Internet steht, kann man nie wieder löschen.	– Accounts zu blockieren, bedeutet Zensur. Das ist in Deutschland verboten. – Man kann seinen Unmut über Leute äußern, die einem auf die Nerven fallen. – Ein Verbot hilft den Opfern nicht wirklich, sie werden dann auf andere Weise gemobbt.

3 a Die Argumente **B** und **F** stützen Neles Meinung besonders schlüssig (möglich ist aber jedes der genannten Argumente). Ausformuliert könnte die Argumentation lauten:

b **B** Lästern in sozialen Netzwerken bzw. im Internet ist feige, denn die Lästermäuler bilden schnell eine Mehrheit. (Mögliches Beispiel:) Man kann in sozialen Netzwerken leicht entsprechende „Freunde“ einladen und teilnehmen lassen.
F In sozialen Netzwerken bzw. im Internet zu lästern ist unfair, da in ihnen eine Person völlig einseitig nur schlechtgemacht wird.
(Mögliches Beispiel:) Wenn etwa über ein bestimmtes Verhalten von jemandem gelästert wird, kommt dabei zu kurz, dass er oder sie trotzdem insgesamt sehr sympathisch sein oder eine tolle Begabung haben kann.

Seite 15

4 a Individuelle Lösung

b + c **Mögliches weiteres Pro-Argument (hier ausformuliert):** Lästern in sozialen Netzwerken sollte verboten werden, denn es reicht nicht, an die Fairness und die Selbstkontrolle der Internet-Nutzer zu appellieren. Die schlechten Beispiele verleiten Menschen, Spaß daran zu haben, gemein und unfair zu sein.
Mögliches weiteres Kontra-Argument (hier ausformuliert): Es bringt nichts, Lästern in sozialen Netzwerken zu verbieten, denn es werden sich schnell andere Möglichkeiten zum Lästern finden. Man kann zum Beispiel auch in anderen Netzwerken über andere Menschen herziehen oder aber Läster-SMS verschicken.

d **Mögliche Einwände können aus der Pro-und-Kontra-Tabelle von Aufgabe 2 abgeleitet werden:**
- Wenn du für das Verbot bist, findest du bei „kontra“ mögliche Einwände.
- Wenn du gegen das Verbot bist, findest du bei „pro“ mögliche Einwände.

e Beispiele für entkräftete Einwände:
- Es mag ja sein, dass man manchmal Dampf ablassen möchte, wenn man sich über jemanden geärgert hat. Die beste Lösung wäre es, dies dem Betroffenen persönlich mitzuteilen, anstatt anonym im Netz. Es kann aber auch helfen, wenn man zum Beispiel seinem besten Freund oder seiner besten Freundin davon erzählt.
- Es ist sicher richtig, dass einige Menschen sehr darunter leiden, wenn über sie in sozialen Netzwerken bzw. im Internet gelästert wird. Meiner Erfahrung nach nehmen die meisten das aber gar nicht so ernst. Oft ist es auch nur eine Sache von begrenzter Dauer und dann ist es mit dem Lästern wieder vorbei.

Seite 16

5 **Möglicher Leserbrief**

Wie soll mit Lästerern in sozialen Netzwerken umgegangen werden?

Sehr geehrte Redaktion,

mit Interesse verfolge ich die Diskussion darüber, wie man mit Lästerern in sozialen Netzwerken umgehen sollte. Sie haben um die Meinung der Leser gebeten: Ich bin für ein Verbot. Zu den Argumenten, die bereits geäußert wurden, möchte ich noch ergänzen:

Lästern in sozialen Netzwerken erscheint mir vor allem auch deshalb feige, weil man sehr leicht „Freunde" zum Lästern einladen kann. So hat das Opfer oft keine Chance, sich gegen eine „Läster"-Flut zu wehren. Außerdem ist solches Lästern unfair, da auf diese Art und Weise eine Person nur einseitig dargestellt wird. Wenn etwa darüber gelästert wird, wie jemand aussieht, kommt dabei zu kurz, dass er oder sie trotzdem ein netter Mensch sein oder eine tolle Begabung haben kann.

Es mag ja sein, dass man manchmal Dampf ablassen möchte, wenn man sich über jemanden geärgert hat. Aber das muss nicht jeder mitbekommen. Es kann ja auch schon helfen, wenn man zum Beispiel seinem besten Freund oder seiner besten Freundin davon erzählt.

Ich glaube nicht, dass es reicht, in den sozialen Netzwerken an die Fairness oder Selbstkontrolle der Nutzer zu appellieren. Deshalb halte ich ein Verbot des Lästerns für die beste Lösung.

Viele Grüße

Unterschrift

6 ●●● b

Merkmale eines Leserbriefs	Merkmale eines Beitrags in einem Internet-Forum
– höfliche Anrede zu Beginn	– am Anfang keine Anrede
– sorgfältig ausformulierte Sätze	– am mündlichen Sprachgebrauch orientierte Sätze, Umgangssprache
– Redaktion mit „Sie" ansprechen	– Anrede: du
– Brieftext übersichtlich gliedern	– eher selten Absätze
– richtigen Namen und Wohnort angeben	– Decknamen benutzen, anonym bleiben

Stimmungen schildern – Auf Bootstour

Seite 17

1 a **So könnten sich die Mädchen bei der Kanufahrt gefühlt haben:** Anfangs sind die Mädchen auf dem schwankenden Boot vielleicht unsicher und ängstlich, weil sie Angst haben müssen, zu kentern. Ihr Kanu zu kontrollieren, strengt sie sicherlich an. Als es ihnen dann gelingt, das Boot gleichmäßig vorwärtszubewegen, nehmen sie möglicherweise überrascht die Leichtigkeit der Bewegung auf dem Wasser wahr und fühlen sich immer wohler. Angesichts der sonnigen, natürlichen und friedlichen Umgebung lassen sich die Mädchen dann entspannt treiben, um so die Fahrt ein klein wenig wie im Traum zu erleben. Die Sonne, und damit auch das Wasser, blendet sie immer wieder.

b **Zur Stimmung passende Adjektive:**
Anfang der Fahrt: unsicher, schwankend, schwindelig, schaukelnd, tief, kalt, ängstlich, erschrocken, störrisch, ungehorsam, uneinig, mulmig, gestresst, angestrengt, angespannt, schwer, ...
Im Verlauf der Fahrt: gleichmäßig, ruhig, glatt, wiegend, sanft, verlässlich, sicher, verwunschen, friedlich, gleitend, träumerisch, verträumt, versonnen, leicht, schwebend, sonnig, luftig, kühl, frisch, warm, lebendig, belebt, bewachsen, ...

Seite 18

2 a **Vergleiche:** als lägen wir auf einem Wasserbett (Z. 2), wie ein störrischer Esel (Z. 8), Wie Inseln im glasklaren Wasser (Z. 13 f.), wie drei Abenteurerinnen (Z. 14), wie bunte Hubschrauber (Z. 19)
Metaphern: Perlenlicht der Sonne (Z. 1)
Personifikation: hat das Boot zunächst bockig reagiert (Z. 7 f.), unser Kanu hat uns ... gehorcht (Z. 9 f.), Der Fluss hat uns ... in die Arme genommen (Z. 11), strecken Wasseralgen ihre langen Finger nach uns aus (Z. 18 f.)
b individuelle Lösung

3 a **Mögliche Fortsetzung der Schilderung:**
Aber wieso kramt Monika jetzt ihre Jacke heraus? Sie behauptet zu frösteln, obwohl die Sonne hoch am Himmel steht. Tatsächlich kommt jetzt ein kühler Hauch über das Wasser und die eben noch spiegelglatte, blaue Wasseroberfläche ist nun trübe und rau. Auch der Himmel wird dunkler. Und gerade jetzt treibt unser Kanu mitten auf dem hier recht breiten Regen. Als ich Monika bitte, uns möglichst schnell Richtung Ufer zu steuern, streicht ein kalter Schauer über meinen nackten Bauch. Die erste richtige Bö radiert das eben noch spöttische Grinsen aus Julias Gesicht. Wir paddeln jetzt ohne ein Kommando von Monika wie zwei Galeerensklavinnen. Das rettende Ufer scheint uns so unerreichbar wie der Mond. Um sie abzulenken und meine eigene Angst zu unterdrücken, singe ich laut unseren Lieblingssong.

Als ich mich jetzt umdrehe, sehe ich hinter mir eine schwarze Wand über dem See aufragen. Plötzlich splittert der Himmel zu einem schwarzgrauen Puzzle und ein greller Blitz zuckt auf. Der folgende Donner lässt mich aufhorchen und ich halte kurz die Luft an. Julia und ich paddeln wie Automaten und Monika sitzt stocksteif und bleich im Boot. Zum Glück schlingert unser Kanu nicht zur Seite. Der uns einholende Regen sticht wie tausend Nadeln auf der Haut. Julia beißt die Zähne vor Anstrengung fest auf die Lippen, dass diese ganz blutig werden, während Monika wimmernd den Kopf hängen lässt. „Lächeln hilft gegen Seekrankheit", schreie ich Moni zu. Da fällt mir das nasse Paddel fast aus der Hand, weil ich gegen eine Welle wie gegen eine Wand gestoßen bin. Aber nun ist das rettende Ufer nah. Als nun Schilfhalme in ihren Rücken stechen, stößt Moni zunächst einen kleinen Schreckensruf aus. Doch dann greift sie mit beiden Händen hektisch nach den raschelnden Pflanzen wie nach dem sprichwörtlichen Strohhalm und bringt unser Boot damit beinah noch zum Kentern. In dem Moment knirscht aber schon der Sand unter den Rumpf des Kanus und wir können aussteigen. Das Wasser ist seltsam warm an den nackten Füßen. Vor Erleichterung könnte ich gleichzeitig lachen und weinen. Als wir das Kanu ans Ufer ziehen, regnet es in Strömen. „Hoffentlich sind die Handys in den Taschen noch trocken, damit wir jemanden anrufen können", denke ich.

Teste dich! – Informieren, Argumentieren und Erzählen unterscheiden

Seite 19

1 **Korrekte Zuordnung: A 3; B 1; C 2** — 3 Punkte

2 Der Nationalpark Berchtesgaden wurde 1978 gegründet. „Er ist ein Juwel!", beteuert ein Nationalpark-Ranger. Überragt wird der Park vom ehrfurchtgebietenden Watzmann, der den Menschen manchmal zürnt und Felslawinen ins Wimbachtal schleudert. Dort ist daher der längste Schuttstrom Europas zu finden. Das Gebiet um den Berg Watzmann und seinen Nachbarn, den Hochkalter, ist aber auch der Lebensraum vieler seltener Tiere und Pflanzen. Im Frühling kann der Wanderer durch herrlich duftende Bergwiesen marschieren und dem lustigen Gluckern der Bäche lauschen. Zweifelsohne sollte der Staat den Nationalpark also auch weiterhin finanziell unterstützen! — 5 Punkte

wörtliche Rede und bildliches Sprechen
Ausschmückung, Personifikation
schildernde Passage
argumentierende Passage mit Meinung (Behauptung)

3 a + b — 2 + 8 Punkte
Morgens, 5:00 Uhr – es ist still in den Donauauen um Ingolstadt (**3**). Die Welt scheint wie in einem Märchenschlaf versunken zu sein (**5**). Nebelgespenster schweben über den Fluss (**7**). Plötzlich raschelt es im Dickicht und gleich darauf ist ein leises Plätschern zu hören (**9**). Der gewitzte Eisvogel ist also bereits auf Beutefang (**2**). Das muss man schützen (**6**)! Wie viele andere Flüsse hat es auch die Donau verdient, dass man sich um sie kümmert (**1**). Schließlich leben in und an der Donau neben dem Eisvogel noch viele weitere bedrohte Arten (**8**). Einige davon, zum Beispiel der Huchen, ein bis zu 120 cm groß werdender Fisch, leben sogar ausschließlich in diesem Fluss (**4**).

Insgesamt zu erreichende Punktzahl: — **18 Punkte**

Einen Sachtext lesen und verstehen – Eine neue Sportart

Die Fünf-Schritt-Lesemethode anwenden

Seite 20

1 **Das könntest du über Parkour wissen:** Hindernislauf ohne Hilfsmittel, kürzeste Strecke geradeaus, meist in der Stadt, akrobatische Fähigkeiten, gute Körperbeherrschung, Sprungkraft, James-Bond-Film (Casino Royale, 2006)

2 b Das Thema des Textes ist die Sportart Parkour.

Seite 22

3 a **Satellit:** Himmelskörper oder Flugkörper, der **einen Planeten (in einem gleichbleibenden Abstand) umkreist.** Der Mond ist ein Satellit der **Erde.**
Stadt: größere, geschlossene **Siedlung**
Satellitenstadt: größere Siedlung in der Nähe einer größeren Stadt (z. B. Neuperlach)

b **Mögliche schwer verständliche Wörter:**
Schurke (Z. 3): jemand, der Böses tut – **Eleganz** (Z. 4): Gewandtheit, Vornehmheit – **Agent** (Z. 7): Spion; Person, die im Geheimauftrag z. B. einer Regierung, Aufträge ausführen soll – **Ihre Majestät** (Z. 7): hier: die Königin von England – **akrobatisch** (Z. 16): körperlich besonders gewandt, geschickt; mit großer Körperkontrolle – **Skaten** (Z. 23): mit dem Skateboard fahren – **Stunt** (Z. 26): gefährliches, akrobatisches Kunststück (als Szene eines Films) – **Workshop** (Z. 42): Kurs, in dem praktische Übungen durchgeführt werden – **Hansestadt** (Z. 43): hier: die Stadt Hamburg – **horizontal** (Z. 54): waagerecht – **vertikal** (Z. 54 f.): senkrecht, gerade Linie von oben nach unten – **Balance** (Z. 78): Gleichgewicht – **Variante** (Z. 88): Abwandlung, leicht veränderte Art/Form von etwas

4 a + b
1. Sinnabschnitt: Bond-Film, Sébastien Foucan, Miterfinder, neuen Sportart, „Parkour", Hindernisse, überwinden, akrobatische Form der Fortbewegung, französischen Satellitenstädte – **2. Sinnabschnitt:** Trend, Jugendkultur, Spielfilmen, Stunt- und Akrobatikszenen, in deutschen Großstädten Clubs und Gruppen – **3. Sinnabschnitt:** hartes Training, Traceure, Grundlagen des Sports, Verletzungen vermeiden, Hamburger Schüler Richard, Parkourworkshop, typischen Parkour-Hindernissen, Grundideen von Parkour, Luftlinie, Laufgeschwindigkeit, Sprungenergie – **4. Sinnabschnitt:** Profis, Basistechniken, Neueinsteiger, Landefläche präzise zu treffen, Balance – **5. Sinnabschnitt:** Trainer Marc, Nebenbeschäftigung, Wettbewerben, Jugendmusicals, Zukunft, rosig

5 **1. Sinnabschnitt:** Ein spektakulärer Stunt – **2. Sinnabschnitt:** Neue Trendsportart – **3. Sinnabschnitt:** Schule für Traceure – **4. Sinnabschnitt:** Präzise Landung auf der Linie – **5. Sinnabschnitt:** Bühnenreife Könner
Die Zwischenüberschriften: „Ein Ausflug in die Vorstädte" und „Skater auf Spanplatten" passen nicht.

Seite 23

6 **Sinnabschnitt 1:** Ein spektakulärer Stunt; Bond-Film, Sébastien Foucan, Sportart, Hindernisse, akrobatische Form
Sinnabschnitt 2: Neue Trendsportart; Jugendkultur, Trend, Spielfilmen, deutschen Großstädten Clubs und Gruppen
Sinnabschnitt 3: Schule für Traceure; Workshops, hartes Training, Grundlagen des Sports, Verletzungen vermeiden, Luftlinie, Laufgeschwindigkeit, Sprungenergie
Sinnabschnitt 4: Präzise Landung auf der Linie; Basistechniken
Sinnabschnitt 5: Bühnenreife Könner; Nebenbeschäftigung, Wettbewerben, Jugendmusicals

7 a In dem **Text „Neue Sportart Parkour – ein akrobatischer Hindernislauf"** informiert **Martin Conrad** über **eine neue Sportart.**

b Parkour ist **eine neue Sportart.** Sie wurde in Frankreich unter anderem von **Sébastien Foucan** entwickelt, der auch in einer Actionszene **in einem Bond-Film** aufgetreten ist. Die Sportlerinnen und Sportler nehmen den kürzesten, geraden Weg durch die Stadt und überwinden **Hindernisse** auf **akrobatische Weise.**

c **Mögliche Zusammenfassung der Sinnabschnitte 2–5:**
Es gibt inzwischen viele Filme und Videos, in denen Parkourszenen vorkommen. Die neue Sportart liegt bei Jugendlichen im Trend. Deshalb gibt es in deutschen Großstädten inzwischen Clubs und Gruppen dafür. Der Sport muss sorgfältig trainiert werden, um Verletzungen zu vermeiden. Vorgestellt wird ein Schüler, der an einem Workshop teilnimmt, bei dem die Grundlagen das Parkoursports vermittelt werden. Ziel ist, auf gerader Linie von A nach B zu gelangen. Zur Überwindung der Hindernisse muss man Laufgeschwindigkeit in Sprungenergie umwandeln. Die Parkourlehrer führen die grundlegenden Techniken vor, bis den Anfängern die einzelnen Sprünge nach und nach gelingen. Für Profis ist Parkour eine zeitaufwendige Nebenbeschäftigung, da sie z. B. Kurse erteilen oder an Wettbewerben und Musicals teilnehmen.

Grafiken und Diagramme auswerten

Seite 24

1 **a** **1:** Mauersprung/Passe muraille – **2:** Katzensprung/Saut de chat – **3:** Durchbruch/Franchissement – **4:** Tic Tac
b Grafik und Tabelle informieren über Bewegungsabläufe im Parkour und über deren Bezeichnungen.

2 Bei der Tic-Tac-Technik geht es darum, sich mit Schwung im Sprung von einer Wand oder Mauer abzustoßen, um ein (schräg) gegenüberliegendes Hindernis zu überwinden. Sobald man die obere Kante des Hindernisses erreicht hat, hält man sich fest und zieht sich aus der hängenden Position nach oben.

3 Körperbeherrschung ist wichtig, da man versucht, mit wenig Kraft, aber guter Technik Hindernisse zu überwinden. Dazu braucht man eine gute Koordination, Präzision, eine schnelle Auffassungsgabe (auch während eines Sprunges), wie ein Hindernis überwunden werden kann, und hohe Reaktionsgeschwindigkeit. Man darf also nie die Kontrolle über die eigene Bewegung verlieren.

4

Mögliche Argumente dafür:	**Mögliche Argumente dagegen:**
Kinder verbessern ihre Reaktionsschnelligkeit; weniger kräftige Kinder können gute Ergebnisse erreichen; es ist ein gutes Ausdauer- und Koordinationstraining.	Kinder können wegen ihrer schlechten Koordination ausgelacht werden; die Verletzungsgefahr / der Trainingsaufwand ist hoch.

Seite 25

5 **b** **A** Bei den Mädchen ist Klettern am beliebtesten. – **B** Beim Parkour gibt es den größten Unterschied zwischen Jungen und Mädchen.
c Die Schule wird sich wohl für das Skaten entscheiden. Denn hier sind die Werte von Mädchen und Jungen gleichermaßen hoch und sie liegen eng beieinander.

6 **Die Grafik** und **die Tabelle** ergänzen die Textstelle Z. 60–62, weil hier einige Parkourtechniken genannt werden.
Das Balkendiagramm ergänzt die Textstelle Z. 21 bis Z. 24, weil Parkour hier als besonders bei Jungen beliebte Trendsportart beschrieben wird.

Eine Ballade untersuchen und vortragen – Joseph von Eichendorffs „Der Schatzgräber“

Seite 26

1 Es geht um einen Schatzgräber, der aus Gier immer tiefere Stollen in den Berg treibt und schließlich im Berg verschüttet wird und umkommt.

2

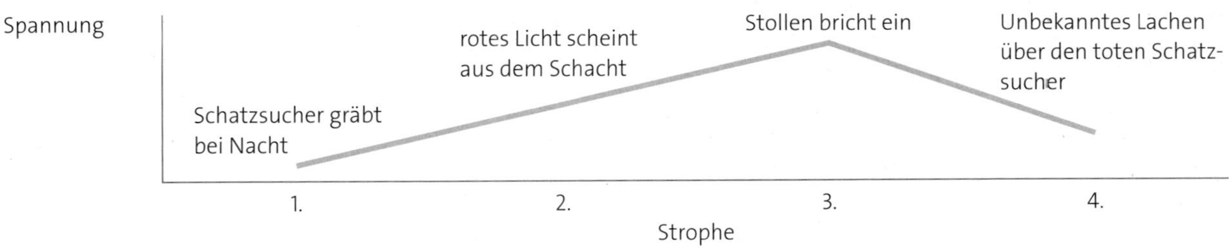

3 **Balladenmerkmale in „Der Schatzgräber“:**
- **Gattungselement der Epik:** Gedicht erzählt Handlung, die sprunghaft auf Höhepunkt zuläuft und in einer Auflösung endet (Schatzsucher gräbt, wird gierig, wird verschüttet, Ruhe kehrt ein).
- **Gattungselement der Dramatik:** wörtliche Reden (z. B. V. 9)
- **Gattungsmerkmal Lyrik:** Strophen, Metrum und Reim

Seite 27

4 **Mögliche Lösung:** geheimnisvoll – spannend

5 Der lyrische Sprecher ist unbekannt und es wird kein Adressat angesprochen.

6 **Himmel/oben:** Engel, Gott, harmonischer Gesang, Stille/Ruhe
→ Heil, Zurückhaltung, Tugenden, Erlösung, Harmonie
Tiefe/unten: Schatz, Rastlosigkeit, Metalle, Schacht, Narr, Hohnlachen
→ Gier, Habsucht, Dummheit, Verlockung (rote Augen), Untergang, böse Mächte (Hohnlachen)

Seite 28

7
- **Wortwahl:** Die Wiederholung des Verbs „wühlt“ (V. 10) zeigt, wie besessen der Schatzsucher ist.
- **Wortwahl:** Die Bezeichnung „Narr“ (V. 12) verdeutlicht die Dummheit des Schatzsuchers.
- **Reime:** Die Reime „immer“ – „Trümmer“ (V. 9 und 11) und „hinab“ – „herab“ (V. 10 und 12) verdeutlichen seine Besessenheit und die Folgen seines Tuns.
- **Reime und Metrum (bzw. Rhythmus):** In V. 11/12 („Da stürzen Steine und Trümmer [...]“) wird das Metrum unterbrochen (Jambus mit Auftakt → Daktylus) um das Fallen der Felsen lautlich anzudeuten.
- **Wortstellung:** Die Stellung der Begriffe „Hohnlachen“ (V. 13) und „Wehmütig“ (V. 16) jeweils am Versanfang betont die Dummheit des Schatzsuchers und die Trauer über sein selbstverschuldetes Ende.
- **Vergleich:** Der Vergleich der glitzernden Metalle mit „rote[n] Augen“ (V. 7) verbildlicht die Verlockungen und Gefahren, die von den Schätzen der Tiefe ausgehen. Die Metalle werden damit beinahe als lebendige Wesen dargestellt.

8 abab – cdcd – efef – ghgh → **Kreuzreim** (der f-Reim ist unrein)

9 a **Metrum:** Jambus
b + c **Abweichung** in V. 11 f. (Daktylus bei „Steine und Trümmer“ und „Über dem Narren herab“) →
Das Fallen und Rollen der Steine wird lautlich nachgeahmt.
Abweichung in V. 15 (Daktylus bei „Engelgesang“) →
Betonung des Wortes; Verdeutlichung des traurigen Endes des Schatzgräbers.

10 ●●● **Mögliche Interpretation:** Die Gier treibt die Menschen dazu, immer mehr zu wollen und sich in immer größere Gefahr zu begeben. Auch ihr Gewissen, gute Ratschläge von außen (wie der Engelgesang) halten sie nicht davon ab, ins Unglück zu rennen und darin umzukommen.

11 individuelle Lösung

Was kannst du schon? – Grammatik

Seite 29

1 A Unser **7** – Klassenausflug **1** – in **5** – den **2** – Freizeitpark **1** – hat **4** – großen **3** – Spaß **1** – gemacht **4**.
B Dieses **8** – Erlebnis **1** – werde **4** – ich **6** – immer **9** – in **5** – guter **3** – Erinnerung **1** – behalten **4**. — 9 Punkte

2 **Nomen:** dunkel = **Dunkelheit** – spannend = **Spannung**
Mögliche Adjektive: Wunder = **wunderbar, (ver)wunderlich, wundersam** – Angst = **ängstlich** — 4 Punkte

3 A er hatte gespielt – er spielte – er hat gespielt – er wird spielen
B er war gefahren – er fuhr – er ist gefahren – er wird fahren — 8 Punkte

4 **Aktiv: A, D, E** **Passiv: B, C** — 5 Punkte

Seite 30

5 a + b *(Die Satzgliederbezeichnungen stehen jeweils hinter dem jeweiligen Satzglied.)*
A Achterbahnen (Subjekt) | gehören (Prädikat) | in Freizeitparks (lokale adv. Best.) | zu den beliebtesten Attraktionen (Präpositionalobjekt).
B Sehr hohe oder schnelle Bahnen (Subjekt) | bereiten (Prädikat) | den Fahrgästen (Dativobjekt) | meistens (temporale adv. Best.) | besonders großen Spaß (Akkusativobjekt).
C Wegen der vielen Loopings (kausale adv. Best.) | leiden (Prädikat) | manche Fahrgäste (Subjekt) | nach der Fahrt (temporale adv. Best.) | unter Schwindelgefühlen (Präpositionalobjekt). — 7 Punkte

6 a + b
A Eine besondere Achterbahn, die Kingda Ka, wurde 2005 gebaut. (Adjektivattribut, Apposition)
B Es handelt sich um die schnellste Achterbahn der Welt. (Adjektivattribut, Genitivattribut)
C Sie steht im neuesten Freizeitpark von New Jersey. (Adjektivattribut, präpositionales Attribut) — 6 Punkte

7 **A + b** (Satzgefüge) – **B + d** (Satzreihe) – **C + c** (Satzgefüge) – **D + a** (Satzgefüge) — 4 Punkte

8 Die Show hat mir großen Spaß gemacht, weil der Feuer-Tanz beeindruckend war. — 1 Punkt

Insgesamt zu erreichende Punktzahl: — **44 Punkte**

Wortarten

Wortarten sicher unterscheiden

Seite 31

1 **A** Nomen – **B** Pronomen – **C** Artikel – **D** Adjektiv – **E** Verb – **F** Konjunktion – **G** Adverb – **H** Präposition

Wiederholung: Die Pronomen

Seite 32

1 **Personalpronomen**, Possessivpronomen, Indefinitpronomen

Gallische Mode

Ihr kennt bestimmt Asterix und Obelix und Miraculix. Sie achten sehr auf ihre Kleidung und ihr Äußeres: Miraculix trägt einen langen weißen Bart, der ihm den Ausdruck von Würde und Weisheit verleiht. Allerdings stehen ihm stets einige seiner Haarsträhnen wirr vom Kopf. Von manchen Dorfbewohnern wird er um seinen roten Umhang beneidet. Aber auch wenn es euch vielleicht wundert: Niemand hat bisher seine blauen Schuhe bemerkt.
Wie alle Gallier ist auch Obelix sehr modebewusst. Man erkennt ihn an seinen Hosen mit breiten blauen und weißen Streifen. Aber es müssen unbedingt Längsstreifen sein, schließlich wisse doch jedermann, dass Querstreifen dick machen! Habt auch ihr solche Hosen in eurem Schrank?

2 a + b Wortgruppen, Demonstrativpronomen

Asterix ist der gewitzte Held des gallischen Dorfes. Auch **dieser** stolze Krieger achtet sehr auf sein Äußeres. Sein prächtiger Bart leuchtet weithin strohgelb. **Den** zwirbelt er beim Nachdenken. **Solche** Bärte sind bei den Galliern sehr in Mode! Er trägt einen kleinen Helm. Diesen schmücken zwei Flügel. Die zeigen auch an, wie sich unser Held fühlt: Geht es ihm gut, stehen diese senkrecht in die Höhe. Ist Asterix bedrückt, hängen dieselben Flügel schlapp herab.
An seiner Seite trägt Asterix eine kleine grüne Flasche. Diese ist mit einem Zaubertrank gefüllt. Er verleiht demjenigen, der davon kostet, übermenschliche Kräfte.

3 ●●● **Demonstrativpronomen**

Der Gallierhäuptling Majestix erklärt: „Wenn ich mich nicht auf **diesem** Schild von **diesen/jenen** Trägern tragen lasse, nimmt man mich nicht mehr ernst. **Das/Dasselbe** ist meinem Kollegen im Nachbardorf passiert. **Der/Dieser** wollte sich seine Schildträger sparen und kurz darauf wurde er zum Kampf der Häuptlinge herausgefordert. Bei **diesem** Kampf hat er verloren. Schon war er arbeitslos. Ein **solches** Missgeschick passiert mir nicht! **Das** ist absolut sicher."

Wiederholung: Das Adverb

Seite 33

1 **Lokaladverb**, Temporaladverb, Modaladverb, *Kausaladverb*

Ritter in Fantasierüstungen

Fantasyromane sind heute so beliebt wie nie zuvor. Die Leserschaft von Titeln wie „Der Herr der Ringe", „Eragon" oder „Der Name des Windes" ist groß. Immer mehr Verlage nehmen *daher* solche Titel in ihr Sortiment auf. Zumeist spielt die Handlung dieser Romane in einer unbestimmten Vergangenheit. *Darum* tummeln sich **dort** oft Figuren, die einigermaßen an unsere mittelalterlichen Ritter erinnern. Die Welt Mittelerdes aus R. R. Tolkiens Roman „Der Herr der Ringe" bevölkern beispielsweise Helden in glänzenden Rüstungen, aber auch finstere Wesen, die furchterregend und manchmal merkwürdig aussehen. Besonders in den Verfilmungen dieser Romane bedienen sich die Autoren **hier** größtenteils historischer Vorlagen. Nach realistischen Umsetzungen sucht man jedoch zumeist vergebens. Mitunter sind die Phantasierüstungen völlig unsinnig: Die Helden tragen Helme, die **links** und **rechts** große Hörner tragen, oder viel zu schwere Schilde, die **überall** mit Stacheln besetzt sind. Schon *ihretwegen* würden die Ritter jeden Kampf verlieren.

2 **Der Zauberer Gandalf**

Der Zauberer Gandalf ist eine der Hauptfiguren in den Romanen „Der kleine Hobbit" und „Der Herr der Ringe". **Anfangs** trägt er einen grauen Bart und graue Haare, die **später** weiß sind. **Danach** wird er **manchmal** auch Gandalf der Weiße genannt. Bei sich führt er **stets** einen Zauberstab, der wie ein ganz normaler Wanderstab wirkt. **Zusätzlich** besitzt er das berühmte Schwert Glamdring. Beides, Schwert und Zauberstab, werden im Kampf **unversehens** zu mächtigen Waffen, denen die Gegner **kaum** widerstehen können.

Das Verb – Die Tempora (Zeitformen)

Das Präsens und das Futur I

Seite 34

1 a **Die Modetrends zu Beginn des 21. Jahrhunderts**
A Die Mode verändert sich beständig. **B** Immer wieder setzen sich neue Trends durch. **C** Damit lassen sie die bisherige Mode alt aussehen. **D** Was aber geschieht zurzeit im Modebereich? **E** Nach den Trendforschern ist die Mode der Gegenwart dadurch gekennzeichnet, dass sie vor allem frühere Stilrichtungen aufgreift und kombiniert. **F** Damit ist die Mode früherer Jahrzehnte im Moment wieder modern! **G** Diese sogenannten Retro- und Vintage-Looks sind gerade weit verbreitet. **H** Außerdem bietet das Internet die Möglichkeit, aus der ganzen Welt Kleidungsstücke zu beziehen. **I** Auf diese Weise kann sich der Trendsetter seinen eignen Stil mixen. **J** In den nächsten Jahren verkauft sich außerdem „grüne Mode" wahrscheinlich besonders gut. **K** Darunter versteht man Mode, deren Stoffe aus biologischer Landwirtschaft stammen, fair gehandelt werden oder aus wiederverwerteten Materialien bestehen.

b 1 = **D, E, F, G, H, I** 2 = **A, B, C, K** 3 = **J**

2 Welche Modemessen **werden** Sie in diesem Jahr noch **besuchen**?
Kann es sein, dass wir bald die Mode der 1950er Jahre wieder **tragen werden**?
Wird die Jeans jeden Modetrend **überleben**?
Wird es eine neue Kollektion von Ihnen **geben**?

Das Perfekt

Seite 35

1 A „Hallo Tabea, hallo Ben! Habt ihr auch die richtige Kleidung eingepackt?"
B „Tabea, ist dir aufgefallen, wie man sich in China kleidet?"
C „Ben, erzähl doch mal! Hast du schon gesehen, welchen Schmuck man in China trägt?"
D „Seid ihr schon in einem Modegeschäft gewesen?"

2 BEN: „Hallo Oma! Alles **hat** bestens **geklappt**. Wir **haben** auch passend **gepackt**. Im Flugzeug **haben** wir Lin, ein chinesisches Mädchen, **kennengelernt**. Sie **hat** neben uns **gesessen**. Lin **hat** ein wunderschönes rotes Kleid aus bestickter Seide **getragen**. Der Kragen **ist** hochgeschlossen **gewesen**. Wir **haben** miteinander **gesprochen**. Sie **hat erklärt**, dass so ein Kleid *Qipao* heißt. In den Straßen Shanghais **sind** mir viele solcher Kleider **aufgefallen**."
TABEA: „Aber Ben, es waren doch nicht alle Chinesinnen, die wir **getroffen haben**, so gekleidet! Wir **haben** gestern in der Stadt sehr viele in Jeans und T-Shirt **gesehen**. In einem Modegeschäft **sind** wir allerdings noch nicht **gewesen**."

3 ●●● BEN: „Oma, du hast nach dem typisch chinesischen Schmuck gefragt. Ich habe deshalb genauer darauf geachtet und bemerkt, dass viele Schmuckstücke besondere Motive tragen. Manche Anhänger sind mit Drachenmotiven verziert, andere mit Schriftzeichen oder Blumenranken. In einem Schaufenster habe ich kleine Wächterlöwen als Schmuckstücke entdeckt. Die meisten davon waren aus Gold oder Silber."

Das Präteritum und das Plusquamperfekt

Seite 36

1 Wer kennt sie nicht: Reich mit Federn und Ketten geschmückte Krieger. Doch von Anfang an stellten die Hollywood-Filme die Ureinwohner Nordamerikas oft falsch dar. Zu Federschmuck und Stirnbändern griff man in den Filmen vor allem deshalb, weil man daran leicht die Perücken befestigen konnte. Tatsache ist, dass wir kaum wissen, wie die Ureinwohner wirklich aussahen. Der Erste, der für die echte Tracht Interesse aufbrachte, war der Fotograf Edward S. Curtis. Zwischen 1895 und 1928 unternahm er Reisen zu verschiedenen Stämmen, wo er die Menschen in ihrem Alltag und bei ihren Festen fotografierte. Dabei gelangen ihm eindrucksvolle Portraits. Allerdings bemerkte man später, dass die Ureinwohner um 1900 schon nicht mehr ihre ursprüngliche Tracht trugen, sondern bereits moderne Gegenstände wie etwa Silbermünzen oder Schmuckstücke der weißen Einwanderer verwendeten.

2

regelmäßige (schwache) Verben	unregelmäßige (starke) Verben
stellen ... dar – darstellen; fotografierten – fotografieren; bemerkte – bemerken; verwendeten – verwenden	griff – greifen; konnte – können; aussahen – aussehen; aufbrachte – aufbringen; war – sein; unternahm – unternehmen; gelangen – gelingen; trugen – tragen

3 Edward S. Curtis **stieß** bei seinen Reisen auch auf das Volk der Wishram im Nordwesten der USA. Der Schmuck eines Wishram-Mädchens **schien** ihn besonders zu faszinieren. Ihre durch die Nase gebohrte Muschel **betrachtete** er als Zeichen eines höheren gesellschaftlichen Ranges. Ihr Haarschmuck **bestand** aus Muscheln, Perlen und Münzen.

4 Plusquamperfekt, **Präteritum**
A Nachdem Curtis seine Fotografien veröffentlicht hatte, **wuchs** das Interesse an der Kultur der Wishram.
B Erst als Curtis' Leser die unterschiedlichen Trachten gesehen hatten, **erkannten** sie den Reichtum dieser Kultur.
C Die Ureinwohner Nordamerikas waren bereits in die Reservate gezogen, als Curtis **begann** sie zu fotografieren.

Das Verb – Der Konjunktiv

Der Konjunktiv II und die *würde*-Ersatzform

Seite 37

1 a Konjunktiv-, *würde*-Ersatzform
Leben im Rückwärtsgang – ein Gedankenexperiment
Wieso muss die Zeit eigentlich voranschreiten? Unser Leben könnte doch auch umgekehrt ablaufen. Wir kämen aus einem dunklen Grab als alte Menschen in die bunte, lebendige Welt. Im Altersheim ginge es uns von Monat zu Monat besser, wir verlören langsam unsere Falten aus dem Gesicht und würden uns körperlich erholen. Sobald das letzte weiße Haar verschwände, würden wir als rüstige Rentner das Altersheim verlassen.
b Sie wurden gewählt, weil so der Konjunktiv II klar vom Indikativ Präteritum unterschieden wird.

2 Nach der Zeit im Altersheim **stünden** jetzt ausgedehnte Reisen und die Erfüllung von Lebensträumen in unserem Kalender. Erst wenn diese Zeit voll weiser Gelassenheit vorbei **wäre**, **begänne** auf einem interessanten, gehobenen Posten unser Berufsleben. Das anschließende Studium und der Schulbesuch **nähmen** die Last der Verantwortung von unseren Schultern und **gäbe** uns einen Vorgeschmack auf die Freiheit der Kindertage: spielen, toben und vieles ausprobieren. Oder **gefiele** es dir gar nicht, mit der Erfahrung eines 80-Jährigen zur Welt zu kommen? Immerhin **erhieltest** du am letzten Schultag eine Tüte voller Süßigkeiten statt nur ein bedrucktes Stück Papier mit der Überschrift „Abschlusszeugnis". Wie **fändest** du diesen Lebenslauf?

Die Verwendung des Konjunktivs II in Konditionalgefügen

Seite 38

1 Wenn ich als Hobbit in Mittelerde unterwegs **wäre**, **bezwänge** ich den Drachen Smaug mühelos. / **würde** ich mühelos den Drachen Smaug **bezwingen**.
Wenn ich zum Mittelpunkt der Erde **vordringen könnte**, **würde** ich geheime Welten im Erdinneren **entdecken**.
Wenn ich durch einen Zauber in die Steinzeit **versetzt würde**, **würde** ich Mamuts **beobachten**.

2 reales Bedingungsgefüge, irreales Bedingungsgefüge, Konjunktiv II, *würde*-Ersatzform
Wer von euch kennt das nicht? Wenn ein Buch eine spannende Geschichte erzählt, vergisst man alles um sich herum und versinkt in der Welt zwischen den Buchdeckeln. Vielen jungen Lesern ergeht es so, wenn der Name der Autorin Kirsten Boie auf dem Buchrücken steht. In Kirsten Boies Roman „Alhambra" berührt zum Beispiel ein Junge, der in Spanien auf Klassenfahrt ist, versehentlich einen verzauberten Gegenstand und wird ins Jahr 1492 zurückversetzt. Wenn er es nicht schafft, den Schlüssel für seine Rückkehr zu finden, muss er sein Leben lang in dieser Zeit leben. Gäbe es solche Zaubergegenstände tatsächlich, wäre unser Leben um einiges abenteuerlicher. Aber wem würde es schon gefallen, wenn er sich plötzlich und unvorbereitet in einer anderen Zeit befände?

Der Konjunktiv I in der indirekten Rede

Seite 39

1 a + b Indikativ, Konjunktiv I
Im Jahre 1898 berichteten die [...]: Unter der Leitung des Biologen Carl Chun lief der Ozeandampfer [...] aus. Das Ziel sei, so wurde berichtet, die [...]. Dadurch erhalte man endlich [...]. Tatsächlich nahmen die Forscher [...] Proben, deren Auswertung 41 Jahre dauerte. Die Sammlung der *Valdivia*, betont Prof. Ralf Thiel [...], bilde noch heute den [...].

2 ●●● **Die Kapitänin eines Forschungsschiffs berichtet aus dem Arbeitsalltag der Tiefseeforscher:**
A Der Wind auf hoher See **wehe** oft stürmisch.
B Der Seegang **betrage** dann oft einige Meter Höhe.
C Es **erfordere** viel Geschick, bei solcher Witterung das Tauchboot zu Wasser zu lassen.
D Ein Techniker an Bord **steuere** das Tauchboot mit dem Computer.
E Bemannte Tauchgänge, besonders in große Tiefen, **seien** mittlerweile sehr selten.
F Trotz aller Routine **sammle** das Team mit jedem Tauchgang neue Erfahrungen.

Ersatzformen für den Konjunktiv I in der indirekten Rede

Seite 40

1 a A er fragt, er fragte, er fragte, er fragte B sie beobachten, sie beobachten, sie beobachteten, sie beobachteten
C sie scheint, sie scheine, sie schien, sie schiene D sie schwimmen, sie schwimmen, sie schwammen, sie schwämmen
b **zu ersetzende Konjunktivformen sind: A** er fragte **B** sie beobachten **C–D** sie schwimmen; sie schwämmen

2 ●●● a + b Die Kapitänin erklärt, ein Traum **gehe** für sie in Erfüllung, wenn sie mit einem Forschungsschiff in See stechen **dürfe**. Schließlich, so Meyer, **bedeute** das eine große Verantwortung. Gleichzeitig **trage** ihre Arbeit dazu bei, das Wissen über die Meere zu vergrößern, behauptet die Kapitänin.
Der Meeresbiologe erklärt, dass sich ihnen mit etwas Glück beim Tauchgang ein spektakuläres Bild **biete**.
Die Fische am Grund der Tiefsee **würden** sich an die extremen Lebensbedingungen ideal **anpassen**.
Der Anglerfisch, den viele niemals zu Gesicht **bekämen**, **besitze** zum Beispiel ein Leuchtorgan, mit dem er seine Beute in der absoluten Dunkelheit des Meeres **anlocke**.
Der Klimaforscher erklärt, ihn **würden** an der Tiefsee ganz andere Dinge **interessieren**. Zusammen mit seinen Kollegen **messe** er zum Beispiel den Gehalt an Kohlendioxid und anderen Stoffen, berichtet er. Besonders genau **würden** sie darauf **achten**, so der Forscher, ob sich die Temperaturen der unterschiedlichen Meeresströmungen **verändern würden**. Huber erklärt, dass sie auf diese Weise **versuchen würden**, Aussagen zur Klimaentwicklung zu machen.

Verschiedene Formen der Redewiedergabe

Seite 41

1 **indirekte Rede:** Ein Reiseanbieter betont, die Antarktis erscheine vielen Menschen als attraktives Reiseziel.
***dass*-Satz (Verb im Konjunktiv I):** Ein Reiseanbieter betont, dass die Antarktis vielen Menschen als attraktives Reiseziel erscheine.
***wie*-Satz:** Wie ein Reiseleiter betont, erscheint die Antarktis vielen Menschen als attraktives Reiseziel.

2 **Eine Reise zu den Pinguinen**
Der passionierte Hobbyfotograf Lutz Seidel plant, sich nächsten Sommer in die Antarktis aufzumachen. Es sei sein Ziel, **Pinguine zu fotografieren**. Seine Reise, so berichtet er, **beginne ganz im Süden Argentiniens**. Wie er erzählt, **sticht die Reisegruppe dort in See**.

3 ●●● **Mögliche Lösung**
Der Reiseanbieter erklärt, dass man die Küstengewässer **verlasse** und die sogenannte Drakestraße **kreuze**. Einen ganzen Tag lang **erlebe** man einen Wellengang von manchmal über 10 Metern, schwärmt er. Wie er erklärt, **ist** es dann erst nach vier Tagen auf See so weit: Man **nähere** sich den ersten Inseln der Antarktis. Drei Tage **verbringe** die Reisegruppe in den Gewässern am Rand des Kontinents. Den Höhepunkt **bilde** ein Landgang in der Paradise Bay, wo die Besucher auch die majestätischen Eisberge **erblicken würden**. Mit etwas Glück **komme** die Sonne für einige Momente durch die Wolken und **tauche** die Landschaft in gleißendes Licht, beschreibt er. Für etwa eine Stunde **dürfe** die Gruppe schließlich eine Pinguinkolonie **besuchen** – und endlich die ersehnten Fotos **schießen**. Aber schon am nächsten Tag **warte** die Drakestraße wieder auf die Reisenden. Wie der Reiseanbieter betont, **muss** wohl jeder am Ende selbst **entscheiden**, ob man für wenige, aber einzigartige Augenblicke den hohen Reisepreis **bezahlen** und die Strapazen auf sich **nehmen wolle**.

Texte überarbeiten

Die Übereinstimmung zwischen Pronomen und Bezugswort prüfen

Seite 42

1 a + b + c ~~falsche Possessivpronomen~~, Nomen/Wortgruppe, **richtige Possessivpronomen**
Marco Polo – einer der ersten Weltreisenden
Abenteuerliche Reisen in ferne Länder faszinierten seit jeher die Menschen und wecken ~~ihren~~ **ihre** Fantasie. Einer der bekanntesten Reisenden ist der aus Venedig stammende Marco Polo, der mit ~~seinen~~ **seinem** Vater und ~~seinen~~ **seinem** Onkel im Jahr 1271 aufbrach, um in China ~~ihr~~ **sein** Glück als Handelsreisender zu machen. Über Umwege gelangten sie auf dem Landweg ins Reich Kublai Khans. Dort blieben sie mehrere Jahre in ~~seinem~~ **seinen** Diensten.

2 a + b + c ~~falsche Demonstrativpronomen~~, Nomen/Wortgruppe, **richtige Demonstrativpronomen**
Mehrere Jahre verbrachten die drei Venezianer bei Kublai Khan. In ~~diese~~ **dieser** Zeit reiste er mehrmals quer durch China. Marco Polo wurde vom Khan mit ~~dieser~~ **diesen** und ~~jener~~ **jenen** Aufgaben betraut, gab dem Herrscher Ratschläge und erwarb sich auf ~~diesem~~ **diese** Weise sein Vertrauen. So war Marco Polo **derjenige**, der als erster Europäer das Reich der Mitte kennen lernte. Später brachte er ~~diesem~~ **dieses** Wissen auch nach Europa zurück. So hörten die Menschen zum Beispiel vom sagenhaften Reichtum des Kaisers von China. Sie erfuhren, dass **dieser** Handel mit ganz Asien betrieb und dort prächtige Städte mit breiten Straßen und beeindruckenden Palästen existierten. Viele von ~~denjenige~~ **denjenigen**, die später ~~dieses~~ **diese** Berichte hörten, konnten kaum glauben, dass außerhalb Europas eine ~~solchen~~ **solche** Hochkultur existieren könnte.

Den Konjunktiv in der indirekten Rede prüfen

Seite 43

3

Manche Historiker (Geschichtswissenschaftler) glauben, Marco Polo **ist**	sei
eine sehr schillernde Gestalt. Es **bleibt** ihrer Meinung nach unklar, ob alle	bleibe
seine Reisebeschreibungen der Wahrheit **entsprechen** oder ob er nicht	entspräche
einiges hinzugedichtet oder von fremden Berichten übernommen **hat**.	habe
Manches – z. B. die Chinesische Mauer – **erwähnt** er überhaupt nicht.	erwähne
Andererseits **erzählt** er von ganz speziellen Dingen, z. B. dem Salzhandel,	erzähle
sehr genau, und es **gibt** auch keine anderen Beschreibungen aus dieser	gebe
Zeit darüber. Also **muss** er dieses Wissen selbst in China erworben haben.	müsse

4 a **Über Marco Polo**
In ihrem Buch über Marco Polo schreibt die Historikerin Prof. Marina Münkler, dass der Grund für das Interesse an Marco Polo heute ein anderer ~~sein würde~~ **sei** als im Mittelalter. Den heutigen Leser ~~würde~~ **interessiere** kaum mehr die Beschreibung exotischer Städte oder Gegenstände ~~interessieren~~. Im Mittelpunkt **stehe** ~~würde~~ heute hingegen der wagemutige Mensch und Abenteurer ~~stehen~~. Marco Polo aber **sage** ~~würde~~ in seinem Reisebricht kaum etwas über sich selbst **aus** ~~aussagen~~. Deshalb **erfänden** ~~würden~~ die Autoren über Marco Polo immer etwas **hinzu** ~~hinzuerfinden~~, ~~würden~~ **schmückten** seine Berichte ~~ausschmücken~~ **aus** und **gestalteten** sie lebendiger ~~gestalten~~. Oder sie ~~würden~~ **betonten** eben das ~~betonen~~, was sie am meisten **interessiere** ~~interessieren würde~~ – zum Beispiel seine kaufmännischen Fähigkeiten oder eben seine Abenteuerlust. Deshalb **existiere** ~~würde~~ einfach kein realistisches Bild von Marco Polo ~~existieren~~, sondern ein Mythos. Dieser Mythos **habe** ~~würde~~ am Ende nur noch wenig mit dem wirklichen Marco Polo zu tun ~~haben~~.

●●● b **Mögliche Lösung**
Über Marco Polo
In ihrem Buch über Marco Polo schreibt die Historikerin Prof. Marina Münkler, dass der Grund für das Interesse an Marco Polo heute ein anderer sei als im Mittelalter. Den heutigen Leser interessiere kaum mehr die Beschreibung exotischer Städte oder Gegenstände, *bemerkt die Historikerin.* Im Mittelpunkt stehe heute hingegen, *so Münkler,* der wagemutige Mensch und Abenteurer. *Wie die Professorin erläutert,* sagt Marco Polo aber in seinem Reisebricht kaum etwas über sich selbst aus. Deshalb erfänden die Autoren über Marco Polo immer etwas hinzu, schmückten seine Berichte aus und gestalteten sie lebendiger, *kritisiert Münkler.* Oder, *führt die Historikerin fort,* sie betonten eben das, was sie am meisten interessiere – zum Beispiel seine kaufmännischen Fähigkeiten oder eben seine Abenteuerlust. *Wie sie betont,* existiert deshalb einfach kein realistisches Bild von Marco Polo, sondern ein Mythos. Dieser Mythos habe am Ende, *so schlussfolgert Münkler,* nur noch wenig mit dem wirklichen Marco Polo zu tun.

Teste dich! – Wortarten und rund ums Verb

Seite 44

1 **Verb, Artikel, Pronomen,** Konjunktion, **Adjektiv, Nomen,** Adverb, Präposition — 5 Punkte

2 — 4 Punkte

Infinitiv		**Infinitiv**	
laufen (1. P. Sg. Präs.)	ich laufe	geben (2. P. Sg. Prät.)	du gabst
singen (2. P. Sg. Prät.)	du sangst	schwimmen (1. P. Pl. Plusquamp.)	ich war geschwommen

3 morgen – ~~witzig~~ – gern – dort – ~~neben~~ – schließlich – immer – bald – ~~schnell~~ – drinnen – ~~sein~~ – ~~blau~~ — 5 Punkte

4 **A** Vertreter der NASA bestätigten, die Reise zum Mond sei für sie eine große Herausforderung gewesen.
B Die Reiseindustrie meint, Weltraumreisen würden immer wahrscheinlicher werden, man brauche nur viel Geld. — 2 Punkte

5 Wenn die Menschen auf dem Mond wohnten, sähen sie den blauen Planeten von oben. — 1 Punkt

6 richtig: **A** falsch: **B, C** — 3 Punkte

Insgesamt zu erreichende Punktzahl: — **20 Punkte**

Satzglieder unterscheiden – Geniale Erfindungen

Seite 45

1 **Subjekt – Prädikat – Objekte – adverbiale Bestimmungen**

Wessen? → **Genitivobjekt**
Wofür? Worauf? Womit? → **Präpositionalobjekt**
Wen oder was? → **Akkusativobjekt**
Wem? → **Dativobjekt**

Wie? Auf welche Weise? → **modal**
Warum? → **kausal**
Wann? → **temporal**
Wo? → **lokal**

Seite 46

2 b A **Satz 1:** man, **Satz 2:** der Kaffeesatz, **Satz 3:** Melitta Benz (Wer oder was ...? = Subjekt) –
B **Satz 4** enthält ein Akkusativobjekt. (Wen oder was durchlöcherte sie? den Boden eines Messingtopfes) –
C **Satz 5** enthält ein Präpositionalobjekt. (Wonach suchte sie? nach einem möglichst wasserdurchlässigen Papier) –
D **Satz 6** enthält vier Satzglieder. (Im Schulheft ihres Sohnes / fand / sie / das geeignete Löschpapier.) –
E **Satz 7** enthält ein Akkusativ- und ein Dativobjekt. (Wen oder was bot sie ihrem Mann an? den gefilterten Kaffee = Akkusativobjekt – Wem bot sie den gefilterten Kaffee an? ihrem Mann = Dativobjekt) –
F **Satz 8** endet mit einem Genitivobjekt. (Wessen erfreut sich der Melitta-Filter? großer Beliebtheit)

3 zweifeln an – forschen nach – sich begnügen mit – flüchten vor

4 ●●● ... interessieren sich **für** neue Erfindungen. ... zweifelte **an** der Ehrlichkeit seiner Freunde. ... **von** seiner Zuneigung ... erzählt hatte, ... **über** welches Thema seine Freunde sprachen. ... wartete gespannt **auf** den befürchteten Verrat. Seine Freunde allerdings lachten laut **über** ihn!

Mit adverbialen Bestimmungen genaue Angaben machen

Seite 47

1 a + b temporal, lokal, **kausal**, *modal*

Die Erfinderin mit Durchblick

Bei starkem Schneefall beobachtete die Amerikanerin Mary Anderson im Winter 1903 den Verkehr in New York. Die Fahrer der Straßenbahnen und der ersten Automobile mussten **wegen der schlechten Sicht** *häufig* stoppen, aussteigen und *von Hand* die Windschutzscheibe säubern. Diese lästige und nasse Fahrtunterbrechung konnte Mary Anderson *problemlos* abschaffen. Sie konstruierte einen Schwingarm mit Gummiblatt, der im Wageninneren *mechanisch* in Bewegung gesetzt wird: Der Scheibenwischer war erfunden. **Auf Grund ihrer Neuerung** konnte die geschickte Konstrukteurin im November 1903 ein Patent anmelden. Das praktische Bauteil ist heute in jedem Auto Standard.

2 a

temporal	lokal	kausal	modal
in den Jahren 1913/14	an einer Sollbruchstelle	auf Grund vieler eigener Testflüge	zuverlässig
vor ihrer Neuerung			exakt gefaltet

Seite 48

2 b **In den Jahren 1913/14** erfand Katharina Paulus etwas, das nach ihr vielen Menschen das Leben retten sollte: das Fallschirmpaket. **Vor ihrer Erfindung** waren Fallschirme sperrige und schwere Tücher, die sich nicht **zuverlässig** öffneten. K. Paulus verpackte den Fallschirm **exakt gefaltet** in einen kleinen Sack, eine kleine Reißleine öffnete diesen **an einer Sollbruchstelle**, sodass er sich entfaltete. **Auf Grund vieler eigener Testflüge** konnte sie ihre Neuerung immer perfekter gestalten.

3 ●●● **Mögliche erweiterte Sätze** (temporal, lokal, **kausal**, *modal*):
A Jede kluge Erfinderin tüftelt **aus grenzenloser Neugier** in jeder freien Minute *hochkonzentriert* in ihrem Labor.
B In solchen Laboren entstehen *mit viel Fantasie* und **auf Grund manchmal unerwarteter Geistesblitze** über Nacht Erfindungen.
C Ich möchte **aus reiner Freude an Neuem** manchmal in meinem Zimmer selbst *gern* etwas Tolles erfinden.

Das Attribut als Teil eines Satzglieds

Seite 49

1 b **Mögliche Satzumstellungen** (**Subjekt**, *Prädikat*, adverbiale Bestimmung, Akkusativobjekt, Dativobjekt, Genitivobjekt):

A **Margarete Steiff** *nähte* 1903 ein neuartiges Spielzeug zum Schmusen.

B **Der pelzige Teddybär** *erfreut sich* bis heute großer Beliebtheit bei den Kindern.
Bei den Kindern *erfreut sich* **der pelzige Teddybär** bis heute großer Beliebtheit.
Bis heute *erfreut sich* **der pelzige Teddybär** bei den Kindern großer Beliebtheit.

C **Josephine Cochran, eine Amerikanerin,** *erfand* 1886 einen hilfreichen Küchenautomaten.
1886 *erfand* **Josephine Cochran, eine Amerikanerin,** einen hilfreichen Küchenautomaten.
Einen hilfreichen Küchenautomaten *erfand* **Josephine Cochran, eine Amerikanerin,** 1886.
Einen hilfreichen Küchenautomaten *erfand* 1886 **Josephine Cochran, eine Amerikanerin.**

D **Der Geschirrspülautomat mit Motor** *ersetzte* mühsames Spülen von Hand.
Mühsames Spülen von Hand *ersetzte* **der Geschirrspülautomat mit Motor.**

E Windelnwechseln ohne Mühe *verdanken* **Eltern** der experimentierfreudigen Marion Donovan.
Der experimentierfreudigen Marion Donovan *verdanken* **Eltern** Windelnwechseln ohne Mühe.
Eltern *verdanken* der experimentierfreudigen Marion Donovan Windelnwechseln ohne Mühe.

F Nach der Erfindung des Windelhöschens *entwickelte* **sie** die praktische Windel zum Wegwerfen.
Die praktische Windel zum Wegwerfen *entwickelte* **sie** nach der Erfindung des Windelhöschens.
Sie *entwickelte* die praktische Windel zum Wegwerfen nach der Erfindung des Windelhöschens.
Sie *entwickelte* nach der Erfindung des Windelhöschens die praktische Windel zum Wegwerfen.

2 a + b

B Der pelzige Teddybär

C Josephine Cochran, eine Amerikanerin, — einen hilfreichen Küchenautomaten

D Der Geschirrspülautomat mit Motor — mühsames Spülen von Hand

E Windelnwechseln ohne Mühe — der experimentierfreudigen Marion Donovan

F Nach der Erfindung des Windelhöschens — die praktische Windel zum Wegwerfen

Wort und Bedeutung – Von „Ball zu Ball“

Homonyme und Synonyme

Seite 50

1

richtiges Wortpaar		**mögliches drittes Synonym**
kostspielig	unerschwinglich	teuer
freundlich	liebenswürdig	nett, höflich
gegnerisch	feindselig	entzweit, uneinig
ehrlich	rechtschaffen	anständig, ehrenwert
vorsichtig	besonnen	behutsam, umsichtig
bedrohlich	brenzlig	gefährlich, beunruhigend

2 **Mögliche Markierung:**
●●● gegnerisch – feindselig; ehrlich – rechtschaffen

3 **Homonym:** Horn – **Bedeutung 1:** Musikinstrument – **Bedeutung 2:** Horn am Kopf des Stieres

4 Individuelle Lösung
●●●

Fachwortschatz erkennen und übersetzen

Seite 51

1 **Mögliche markierte unbekannte Fachwörter und ihre Erläuterungen:**
2 **Kommunikation,** die (Z. 1 f.): der Austausch von Informationen – **Werbeagentur,** die (Z. 1): eine Firma, die Produkte durch Werbung vermarktet – **Marketing,** das (eng. to market – Handel treiben) (Z. 3): die Ausrichtung eines Unternehmens auf den Kunden, um Produkte wünschenswert für den Käufer zu machen – **Claim,** der/das (eng. to claim – beanspruchen) (Z. 5): ein einprägsamer Werbeslogan, der ein Produkt charakterisiert – **Brand Loyalty,** die (eng. – Markenloyalität) (Z. 5): die positive Bindung des Kunden an eine Marke, welche ihn dazu animiert, weiter dort einzukaufen – **Werbespot,** der (Z. 5): ein kurzer Clip, der das Produkt vermarktet, indem er den Kunden anspricht – **potenzieller Kunde,** der (Z. 9): eine Person, die das Produkt kaufen könnte

Abstrakta und Konkreta erkennen und unterscheiden

1 **Abstrakta:** Kaufwunsch, Marketing, Versprechen, Vorfreude, Kaufrausch;
Konkreta: Werbetexter, Anzeige, Werbespot, Marktschreier, Prospekte, Autoverkäufer, Produkt, Geldschein, Kunde

2 **Mögliche Ergänzungen:**
Abstrakta: Massenmedien, Rabatt, Image; **Konkreta:** Website, Radio Jingle, Schaufenster

Texte überarbeiten mit Hilfe von Proben

Seite 52

1 b Die Satzanfänge sind immer gleich. Das Wort „hervorragend" wiederholt sich (und beschreibt nicht genau genug).
c „Chindogu" bedeutet auf Japanisch „seltsames Gerät". Chindogus sind hervorragende Erfindungen.
Ein Chindogu löst ein alltägliches Problem ~~hervorragend und~~ ungewöhnlich. Chindogus sind aber oft auch ~~ziemlich~~ peinlich.
So könnte der verbesserte Text aussehen:
„Chindogu" bedeutet auf Japanisch „seltsames Gerät". Man versteht darunter besonders originelle Erfindungen.
Ein Chindogu löst ein alltägliches Problem auf ungewöhnliche Weise. Oft sind solche Erfindungen aber auch peinlich.

2 **Mögliche Erweiterungen durch adverbiale Bestimmungen oder Attribute:**
Dieser **merkwürdige** Hut ist [...], wird der Taschentuchhalter **auf dem Kopf** befestigt. [...] rollt sich **schnell und mühelos** ab. Die Hutträger können sich **jederzeit** die Nase putzen. Der Papiervorrat, **eine einfache Rolle Toilettenpapier**, kann [...].

Teste dich! – Satzglieder und Attribute

Seite 53

1 **A** = Prädikat – **B** = Subjekt – **C** = Dativobjekt – **D** = kausale adverbiale Bestimmung –
E = Akkusativobjekt – **F** = temporale adverbiale Bestimmung — 6 Punkte

b **B** Hedy Lamarr, die Namensgeberin, – **D** Auf Grund synchroner Frequenzwechsel bei Sender und Empfänger – **E** das Abhören oder Stören eines Funksignals –
F während der Datenübermittlung mittels Funk — 5 Punkte

2 **Adjektivattribut:** synchroner – **Apposition:** die Namensgeberin – **Genitivattribut:** eines Funksignals –
präpositionales Attribut: bei Sender und Empfänger, mittels Funk — 5 Punkte

3 **A** Kein Satzglied ist die Apposition. – **B** Es gibt keine adverbiale Bestimmung der Präposition. –
C Es gibt keine adverbiale Bestimmung des Genitivs. — 3 Punkte

Insgesamt zu erreichende Punktzahl: — **19 Punkte**

Satzreihe und Satzgefüge – Beste Ideen

Seite 54

1 **a + b** Die IdeenExpo ist ein Naturwissenschafts- und Technik-Event für Schülerinnen und Schüler, diese Veranstaltung findet alle zwei Jahre in Hannover statt. Die Aussteller präsentieren [...] Wissenschaft und Technik zum Anfassen und Mitmachen, denn sie möchten das Interesse Jugendlicher wecken. Schülerinnen und Schüler können als Besucher zur IdeenExpo reisen, aber einige Jugendliche dürfen auch eigene Nachwuchsprojekte präsentieren. Bis zu 25 Schüler-Teams werden als Aussteller eingeladen, doch vorher müssen sie ihren Erfindergeist im Wettbewerb „Ideenfang" unter Beweis stellen. Die Sieger vergangener Jahre haben den „sprechenden Schulweg" entwickelt**(,)** oder sie haben sturmsichere Regenschirme [...] konstruiert. Bei der Auswahl der Jury zählen nicht nur eine innovative Idee und deren technische Umsetzung, sondern das Projekt muss auf der IdeenExpo auch Möglichkeiten zum Ausprobieren und Mitmachen anbieten. Gefällt dir eher ein ferngesteuerter Rennbesen**(,)** oder überzeugt dich der solarbetriebene Schlittschuhwärmer?

2 **A** Bis 2011 konnten nur Jugendliche aus Niedersachsen am „Ideenfang" teilnehmen, **doch/aber** seit 2013 dürfen alle erfindungsreichen Schülerteams ihre Projekte einreichen.
B Die Gewinner-Teams der Zwischenrunde erhalten bereits eine Unterstützung in Höhe von 600 Euro, **denn** sie müssen eine Präsentation ihres Projektes für die IdeenExpo vorbereiten.
C Die Sieger bekommen nicht nur ein Preisgeld, **sondern** ihnen wird auch ein Ausflug in die Welt der Technik spendiert.

Seite 55

3 a–d

A Ein Schüler hat, nachdem er selbst einen Gips tragen musste, einen juckfreien Gipsverband erfunden.
—— Hs ——, (Konjunktion) —— Ns ——, —— Hs (Fortsetzung) ——.

B Eine Gruppe hat ein Handyladegerät für Fahrräder entwickelt, sodass man beim Treten das Handy auflädt.
—— Hs ——, (Konjunktion) —— Ns ——.

C Damit die Füße beim Schifahren nicht überraschend erfrieren, wurde ein Erfrierschutzalarm entwickelt.
(Konjunktion) —— Ns ——, —— Hs ——.

D Eine Alarmanlage, die am Hasenstall angebracht wird, soll verhindern, dass Marder die Tiere töten.
—— Hs ——, (Relativpronomen) —— 1. Ns ——, — Hs (Forts.) —, (Konjunktion) —— 2. Ns ——.

E Wenn die Tüte mit Schimmelflecken bedruckt ist, wird sicher niemand mehr das Pausenbrot stehlen.
(Konjunktion) —— Ns ——, —— Hs ——.

Relativsätze als Attribute in Form eines Nebensatzes

Seite 56

1 **a + b** „Experimente antworten" ist ein Schülerwettbewerb, den es seit 2003 in Bayern gibt. Hierbei werden Schülerinnen und Schülern, die daran freiwillig teilnehmen, Aufgaben gestellt, die besonders pfiffige Lösungen erfordern. 2016/2017 musste zum Beispiel aus 25 Strohhalmen eine möglichst hohe Konstruktion gebaut werden, welche einen Becher trägt, der mit 0,1 Liter Wasser gefüllt ist. In einer weiteren Versuchsreihe mussten die Teilnehmer Stoffe ermitteln, welche das Keimen von Kresse erschweren. Die kniffligen Experimentieraufgaben, die innerhalb einer vorgegebenen Zeit bearbeitet werden müssen, können mit Materialien und Stoffen, die in einer Drogerie oder einem Baumarkt erhältlich sind, bewältigt werden. Schülerinnen und Schüler, die hervorragende Leistungen erbringen, erhalten einen Superpreis, der im Ehrensaal des Deutschen Museums München verliehen wird.

2 A Schülerinnen und Schüler, die mit Freude experimentieren, sind bei diesem Wettbewerb gefragt. **B** Die teilnehmenden Schüler und Schülerinnen werden häufig von einem Lehrer, welcher engagiert ist, betreut. **C** Eine Jury bewertet die Lösungen, welche eingereicht wurden. **D** Jugendliche, die am Wettbewerb interessiert sind, können sich bei ihrer Natur-und-Technik-Lehrkraft informieren.

Gliedsätze unterscheiden – Naturphänomene

Mit Adverbialsätzen Zusammenhänge herstellen

Seite 57

1 A Nun muss man das Glas umdrehen, während man die Postkarte festhält.
—— Hs ——, (Konjunktion) —— Ns ——.

B Wenn man jetzt die Postkarte loslässt, bleibt sie am Glas kleben.
(Konjunktion) —— Ns ——, —— Hs ——.

2 a + b
A Die Postkarte klebt am Glas, weil die Luft von unten stärker drückt als das Wasser von oben. – **B** Die Postkarte sitzt ganz fest am Glasrand, sodass die Luft nicht eindringen kann. – **C** Es darf keine Luft ins Glas kommen, damit das Experiment gelingt. – **D** Wenn der Versuch im luftleeren Raum aufgebaut wird, misslingt das Experiment.

Seite 58

3 **a + b Beobachtung:** [...] Das Wasser bildet über dem Glas (**aB, wo?**) eine Kuppe und läuft nicht über, obwohl es nun übervoll ist (**As, trotz welcher Umstände?**).
Erklärung: Da die Wassermoleküle sich stark anziehen und zusammenhalten (**As, warum?**), entsteht an der Oberfläche (**aB, wo?**) eine Art gespannte Haut. Eine solche Oberflächenspannung lässt sich auf den meisten Flüssigkeiten (**aB, wo?**) beobachten. Auf einer glatten Oberfläche (**aB, wo?**) formt sie Tropfen, indem sie Wasser zusammenzieht (**As, wie?**).

Seite 59

4 a + b

A Die Menschen suchen nach neuen Energiequellen, damit sie umweltfreundlichen Strom gewinnen können. →
Wozu suchen die Menschen nach neuen Energiequellen? **Finalsatz**

B Auch die Kraft der Wellen wird seit 200 Jahren erforscht, obwohl sie sehr unberechenbar ist. →
Trotz welcher Umstände wird die Kraft der Wellen erforscht? **Konzessivsatz**

C Die Wellenkraft wird genutzt, indem das Hin und Her des Wassers in eine Drehbewegung verwandelt wird. →
Wie wird die Wellenkraft genutzt? **Modalsatz**

D Während Windkraft nicht zuverlässig ist, erweist sich die Wasserkraft als beständige Energiequelle. →
Im Gegensatz wozu erweist sich die Wasserkraft als beständige Energiequelle? **Adversativsatz**

5 ●●● A Die Menschen suchen nach neuen Energiequellen, **sodass** sie umweltfreundlicher Strom gewinnen können.
Erklärung: Aus dem **Finalsatz** wird ein **Konsekutivsatz**, sodass das Augenmerk mehr auf der natürlichen **Folge** als auf der menschlichen **Absicht** liegt.

6 a + b **Mögliche Umformungen in Adverbialsätze (Satzstellung und Konjunktionen können abweichen):**

A Auf Grund der Oberflächenspannung von Wasser können Wasserläufer über ein Gewässer krabbeln. →
Weil/da das Wasser eine Oberflächenspannung besitzt, können Wasserläufer über ein Gewässer krabbeln.

B Allerdings gehen die Insekten beim Durchstoßen der „Wasserhaut" unter. →
Allerdings gehen die Insekten unter, wenn/falls sie die „Wasserhaut" durchstoßen.

C Durch Ausnutzung der Oberflächenspannung kannst du Nadeln oder Büroklammern auf Wasser legen. →
Indem du die Oberflächenspannung ausnutzt, kannst du Nadeln oder Büroklammern auf Wasser legen.

D Das Experiment mit der schwimmenden Büroklammer scheitert bei der Verwendung von Spülmittel. →
Das Experiment mit der schwimmenden Büroklammer scheitert, wenn/falls man Spülmittel verwendet.

E Wegen der verringerten Oberflächenspannung geht die Büroklammer dann unter. →
Die Büroklammer geht dann unter, weil/da die Oberflächenspannung verringert ist.

7 ●●● Die Konjunktion „denn" leitet einen Hauptsatz ein, es entsteht eine Satzreihe:
Wasserläufer können über ein Gewässer laufen, denn das Wasser besitzt eine Oberflächenspannung.

Satzgefüge (Aufgabe 6): ___ Ns ___, ___ Hs ___. Satzreihe (Aufgabe 7): ___ Hs ___, ___ Hs ___.

Seite 60

8 **Wasser als Gefahr**

Stell dir diese alltägliche Situation vor: Während Ben in der Küche seine Fischstäbchen brutzelt, klingelt sein Handy. Sein Freund Yannick hatte versprochen sich zu melden, sobald er mit den Hausaufgaben fertig ist. Nun plaudern die beiden am Telefon, bis Ben aus der Küche einen beißenden Geruch wahrnimmt. Nachdem er sich hastig von Yannick verabschiedet hat, stürzt Ben zurück an den Herd. Als er die brennende Pfanne sieht, greift er sofort zur Flasche Mineralwasser auf dem Küchentisch. Er schüttet das Wasser auf die verkohlten Fischstäbchen in die Pfanne. Ehe er die Flasche abstellen kann, breitet sich in der Küche ein gewaltiger Feuerball aus.
Brechen wir an dieser Stelle das Gedankenexperiment ab, bevor Ben sich schwere oder sogar tödliche Verletzungen zuzieht. Was ist passiert? In dem Moment, als Ben das Wasser in das brennende Fett geschüttet hat, ist das Wasser schlagartig verdampft. Dabei entstehen aus einem halben Liter Wasser ungefähr 850 Liter Wasserdampf. Der Wasserdampf schleudert das brennende Fett aus der Pfanne heraus, sodass es sich in der ganzen Küche verteilt. Seit Ben im Chemieunterricht Experimente zur Fettexplosion ausgewertet hat, weiß er, wie er auf brennende Pfannen reagieren sollte: Dem Feuer muss mit einem Deckel die Sauerstoffzufuhr entzogen werden.

9 ●●● **Vorzeitigkeit:** sobald, nachdem, seit – **Gleichzeitigkeit:** während, als, als – **Nachzeitigkeit:** bis, ehe, bevor

Teste dich! – Satzgefüge

Seite 61

2 **Satz B:** Konditionalsatz – **Satz D:** Finalsatz – **Satz F:** Modalsatz –
Satz G: Konditionalsatz – **Satz L:** Modalsatz – **Satz M:** Konsekutivsatz — 6 Punkte

3 **Vorzeitigkeit:** Satz **H** – **Gleichzeitigkeit:** Satz **J** – **Nachzeitigkeit:** Satz **C** — 3 Punkte

4 **Satz E:** Male in der Mitte mit dem schwarzen Stift ein Muster mit einem Durchmesser von höchstens zwei Zentimetern. — 2 Punkte

Insgesamt zu erreichende Punktzahl: — **11 Punkte**

Was kannst du schon? – Rechtschreibung

Seite 62

1 Die Freizeitgestaltung von kindern in deutschland ist sehr vielfältig. Diese richtet sich nach persönlichen interessen, Begabungen und dem Angebot im näheren wohnumfeld. Auch freunde und die Eltern haben einfluss auf die Wahl der Freizeitaktivitäten. Kinder orientieren sich hierbei auch manchmal an vorbildern aus dem Bereich des Sports oder der literatur. Je nach alter, Geschlecht und Schulart haben Kinder ein unterschiedliches maß an Freizeit. 10 Punkte

2 (das) Treffen, (das gemeinsame) Spielen, Entspannen, fernsehen, spielen, (beim genaueren) Beobachten, berücksichtigen 7 Punkte

3 Die Frage, welche Freizeitaktivität die Beliebteste ist, kann man nur Schwer beantworten. Jüngere Kinder verbringen ihre Freizeit auch noch gern mit ihrer Familie und möchten am Liebsten etwas Schönes zusammen machen. Ab etwa zwölf Jahren ist der Freundeskreis als Bezugsgruppe am Wichtigsten. Das Größte ist dann für viele Jugendliche das Gemeinsame Sporttreiben in Vereinen. 5 Punkte

4 Samstags hat Bernd viel zu tun: Vormittags geht er zum Brötchenkaufen und jeden Samstagnachmittag kommen seine Freunde zum Spielen vorbei. 4 Punkte

5 alle – wissen – Interessantes – hätten – mürrisch – Zimmer – anzupacken – anderen – gestresst – hetzen 10 Punkte

Seite 63

6 **Wörter mit einfachem Vokal:** die Minute, planen, erleben
Wörter mit Vokal und *h*: der Rahmen, die Zahl, ausführlich, die Belohnung, das Wohl, befehlen, fahren 10 Punkte

7 Tier – Kino – zierlich – verdienen – gratulieren – Tiger – sieben – wir – ihr 9 Punkte

8 Ein Fehler findet sich in **A, D** und **E**. – Kein Fehler ist in **B** (auch Spaghetti möglich) und **C**. 5 Punkte

9 a + b
A Genuß/Genuss – **B** Schluß/Schluss – **C** Strauss/Strauß –
D Badespass/Badespaß – **E** Fussstapfen/Fußstapfen – **F** Strasse/Straße 6 + 6 (12) Punkte

Groß- und Kleinschreibung – Kinderwelten

Wiederholung: Nomen und Nominalisierungen erkennen

Seite 64

1 Nomen, Nomenbegleiter

Ein Grundgesetz für Kinder
Über zwanzig Jahre gibt es die UN-Kinderrechtskonvention. Sie wurde 1989 von den meisten Ländern der Welt beschlossen. Jedes Recht, das hier festgeschrieben wurde, gilt für alle Kinder, unabhängig von ihrer Herkunft, ihrer Hautfarbe oder dem Geschlecht. Leider werden die Grundrechte noch nicht in jedem Land geachtet. Aber die Konvention hat bewirkt, dass die Rechte der Kinder auf Gleichheit, Ernährung, Wohnung, medizinische Versorgung und Bildung überall zur Kenntnis genommen werden. Ein Artikel lautet sogar: „Jedes Kind hat ein Recht auf Freizeit, Spiel und Erholung."

2 **a + b** Kinder müssen spielen können

Zum Verstehen ☒ der Forderung „Kinder brauchen Raum ☐ zum Spielen ☒" ist genaues Erläutern ☒ kaum notwendig. Kinder wollen spielen ☐, bauen ☐ oder einfach auf einem Bein hüpfen. Zum Toben ☒ und Klettern ☒ brauchen sie aber nicht nur eingezäunte Spielplätze ☐. Gespielt wird heutzutage oft nur im eigenen Garten ☐. Städte und Dörfer sollten daher viel kinderfreundlicher ☐ geplant werden. Einkaufsstraßen, in denen das Fahren ☒ von Autos eingeschränkt ist, mit Bäumen, auf die man klettern ☐ darf, oder Brunnen, an denen ausgelassenes Planschen ☒ erlaubt ist, sollten überall Pflicht sein.

3 ●●● **Mögliche Lösung (, da du auch andere Nomenbegleiter verwenden kannst.)**
zum lustigen Spielen – wildes Fangen – schnelles Rennen – Viel Lustiges – beim spannenden Verstecken – bestimmte Markierungen – das anschließende Finden – schwarzärgern

Groß- und Kleinschreibung bei Zeitangaben

Seite 65

1 (am) Morgen – früh – (jeden) Tag – (bis zum) Mittag – meistens – heutzutage – früher – oftmals – (bis zu drei) Tage – (von) Montag (bis) Mittwoch – (am) Abend – frühzeitig – heute – (vor) Mittag – plötzlich – morgens – nachts

2 ●●● **Möglicher Text**

Leider kann ich an Werktagen nie lange schlafen, denn ich muss ja morgens in die Schule. Am Wochenende ist das anders: Weil ich Training habe, stehe ich samstags nicht ganz so spät auf, aber jeden Sonntag schlafe ich bis in den späten Morgen hinein. Meine Eltern spotten gern: „Sollen wir dich am Abend wecken?" Aber das ist ziemlich übertrieben. Ich stehe spätestens mittags auf, denn nachmittags muss ich meist noch Hausaufgaben machen. Am nächsten Morgen geht die Woche ja wieder los, montags immer um 8:00 Uhr früh.

Seite 66

3 **Mögliche Nachricht von Tim**

Hallo Jacob,

leider kann ich morgen Abend nicht, da ist Fußball, wie immer montags. Übermorgen am Mittag will ich mit Maike klären, ob wir spätnachmittags ins Kino gehen. Dann ist Mittwochmittag ab 14:00 Uhr wie immer Geocaching AG und am Mittwochabend bin ich mit meinem Opa zum Essen verabredet. Mit Paul will ich Donnerstag am Spätnachmittag für die Englischarbeit lernen. Aber am Freitag habe ich noch nichts vor. Am Samstag frühmorgens ist Krafttraining im Fitnesscenter geplant, am Nachmittag hätte ich Zeit für dich. Sonntags könnten wir uns den ganzen Tag über sehen. Also: Such dir ab Freitag einen Tag aus.

Dein Tim

Teste dich! – Groß- und Kleinschreibung

Seite 67

1 **A** Nominalisierung eines Verbs – **B** Nominalisierung eines Adjektivs – **C** zusammengesetzte Zeitangabe (Adverb) – **D** kombinierte Zeitangabe (Adverb = klein, Nomen = groß) – **E** Zeitadverb — 4 Punkte

2 (etwas) Aufregendes – begeistert – schwindelig – (beim) Betrachten – (dieses) gewaltigen (Ungeheuers) – (etwas) Überraschendes – (das) Fahren – (ein) schwieriges (Unternehmen) – (zum) Entsetzen – überlebt — 10 Punkte

3 morgen früh – gestern Abend – donnerstagnachmittags – freitags – dienstagabends – gestern Mittag – spät nachts — 7 Punkte

Insgesamt zu erreichende Punktzahl: 21 Punkte

Getrennt- und Zusammenschreibung – Kindheit und Jugend früher

Seite 68

1 das Öfenanfeuern, das Zimmerausfegen, das Kleidungausbessern, das Bettenmachen, das Lampenputzen, das Tischabräumen, das Wasserholen, das Sockenstopfen

2 **Abenteuer 1900**

Die 17-jährige Svenja nahm an der Fernsehserie „Abenteuer 1900" teil, in der 20 Personen für zwei Monate in einem Gutshaus unter Bedingungen wie um 1900 lebten. Am frühen Morgen musste sie für die Herrschaften in schweren Eimern **Wasser holen** und in allen Zimmern die **Öfen anfeuern**, damit es warm wurde.
Während die Familie in Ruhe frühstückte, gehörten das **Bettenmachen** und das **Zimmerausfegen** zu ihren Pflichten.
Weil es im Haus kein elektrisches Licht gab, musste sie außerdem die **Lampen putzen**. Nach jeder Mahlzeit sollte sie den **Tisch abräumen**. Mit **Kleidungausbessern** und **Sockenstopfen** beschäftigte sie sich im Anschluss.

3 ●●● **Mögliche Sätze:**

Das Öfenanfeuern und das Wasserholen sind Svenja sicher schwergefallen.
Am besten gefallen hat Svenja wahrscheinlich das Sockenstopfen und das Kleidungausbessern.

Seite 69

4 **A** sichergehen – **B** sicher gehen

5 gut schreiben – richtig rechnen – blaumachen – sichergehen – gut lernen – schwerfallen – fernsehen

6 schwarzfahren = ohne Fahrkarte fahren – tiefkühlen = einfrieren – schiefgehen = misslingen, schlecht ausgehen

●●●

Seite 70

7 **A** herausfordern – **B** hineinkommen – **C** zusammen spielen – **D** zurechtkommen – **E** herausfinden

8

X	Y	E	V	D	I	T	R	E	W	A	M	G	U	B
W	Z	U	S	A	M	M	E	N	S	I	T	Z	E	N
J	R	Q	K	B	X	C	D	H	M	P	X	U	H	Q
D	T	H	U	E	H	C	U	T	M	R	L	V	B	J
S	L	G	P	I	K	W	E	G	G	P	F	O	Z	I
P	M	R	T	B	F	O	R	T	F	A	H	R	E	N
A	B	L	C	L	T	U	N	Y	O	I	J	K	K	M
W	I	E	D	E	R	S	E	H	E	N	I	O	F	S
C	Z	F	E	I	X	F	D	U	L	P	A	M	E	T
F	W	G	L	B	R	S	Q	O	M	W	B	M	V	U
I	D	H	J	E	P	N	M	C	H	T	M	E	B	O
D	A	V	O	N	K	O	M	M	E	N	K	N	L	K

Seite 71

9 **Mögliche Lösung**

●●●

2 Wir können heute gerne noch ein wenig zusammensitzen. –
Zusammen mit meinen Freunden sitzen wir hier.

3 Du kannst mit deiner Arbeit fortfahren. –
Die Kinder wollen fort in den Urlaub fahren.

4 Ich werde ihn wiedersehen. –
Mit meiner neuen Brille kann ich euch wieder klar und deutlich sehen.

5 Sie wird ihm bei der Anmeldung zuvorkommen. –
Er wird aber zuvor nach Hause kommen.

6 Er wird mit dem Schreck davonkommen. –
Er hat viel trainiert. Davon und nicht vom Faulenzen kommen seine guten Leistungen beim Sport.

10 Was sie am Morgen nicht geschafft hat, muss Svenja später **aufholen**. Die Hausherrin achtet genau darauf, ob sie auch die Regale **abstaubt** und die Zimmer mit dem Besen **auskehrt**. Anschließend muss sie kurz gewordene Hosen für die Kinder **umarbeiten** und verlängern, Knöpfe in das Nähkästchen **einsortieren**. Erst am Abend kann sie schließlich **durchatmen**.

11 [...] wollten beim Experiment „Gutshaus 1900“ **mitmachen**, da sie **ausprobieren** wollten [...]. Weil alle ihre sechs Kinder ins Haus **mitkommen** durften [...]. Sie musste sich dabei auf viele neue Herausforderungen **einlassen**. [...] wie man mit Dienstpersonal **umgehen** muss.

Teste dich! – Getrennt- und Zusammenschreibung

Seite 72

1

a + b	getrennt	zusammen	4 + 4 (8) Punkte
A Wortgruppen aus Adjektiv + Verb mit neuer Gesamtbedeutung **z. B.:** *festnehmen, kleinschreiben*		X	
B Wortgruppen aus Adverb + Verb (Hauptbetonung auf dem Adverb) **z. B.:** *dabeibleiben, vorwärtskommen*		X	
C Wortgruppen mit *sein* **z. B.:** *dabei sein, schön sein*	X		
D Nominalisierungen, z. B. aus Nomen + Verb **z. B.:** *das Radfahren, das Essengehen, das Lampenputzen*		X	
E Wortgruppen aus Präposition + Verb (Hauptbetonung auf der Präposition) **z. B.:** *entlanggehen, durchschütteln, auflegen*		X	

2 **Abenteuer 200 v. Chr. – Leben wie die Kelten**
Wer einmal **herausfinden** möchte, wie es sich **anfühlt**, wie ein Kelte zu leben, der sollte den archäologischen Park Gabretta nahe Freyung besuchen. Dort können die Gäste unter Anleitung „echter Kelten“ **Pfeile schnitzen** oder mit auf offenem Feuer **Kochen lernen**. Dreimal im Jahr gibt es außerdem ein großes **Zusammentreffen** von unterschiedlichen Keltengruppen. Beim Samhain-Fest, das jeden Herbst stattfindet, kann man den Kriegern **gegenübersitzen**, mit ihnen **laut singen**, ihre Rüstungen **anprobieren** und ihnen beim **Waffenbauen** zusehen. Wenn dann am Abend die Lagerfeuer entfacht werden, wird es den Besuchern nicht **schwerfallen**, sich wie echte Kelten zu fühlen. 10 Punkte

Insgesamt zu erreichende Punktzahl: **18 Punkte**

Üben macht sicher – Regeln und Tipps zur Rechtschreibung

Kurze Vokale

Seite 73

1 **Omar in der Karibik**
Omar und seine Eltern wohnen in der Karibik. Hier sind tolle Sandstrände und das Wasser ist immer wunderbar warm. Diese herrliche Gegend besuchen Touristen aus aller Welt. Omar geht fast jeden Tag schwimmen. Er taucht zu Felsen und Korallenriffen und sucht nach bunten Fischen. Durch seine Maske kann Omar unter Wasser sehen, dank seiner Flossen kommt er schnell vorwärts.

2 a + b
A und (4x) – Eltern – sind – Sandstrände – ist – wunderbar – warm – Touristen – Welt – fast – taucht – Felsen – bunten – Fischen – Durch – Maske – unter – dank – vorwärts
B tolle – Wasser (2x) – immer – herrliche – aller – schwimmen – Korallenriffen – kann – Flossen – kommt – schnell

3 a + b **A** Sonne, Tonne, Wonne – **B** Ball, Fall, Knall – **C** Puppe, Suppe, Gruppe – **D** Kette, Wette, Klette

Seite 74

4 **Mögliche Wörter aus der Wortfamilie:**
A Backbuch, Bäckerei, Backstube, Gebäck – **B** Blitz, blitzen, blitzartig, Blitzeinschlag, blitzschnell – **C** Schreck, schrecklich, erschrecken, schreckhaft, Kinderschreck – **D** kratzen, Kratzer, zerkratzt, Kratzeis, zerkratzen – **E** Decke, zudecken, bedecken, Bettdecke, Deckenlampe

5 **Olja aus Moskau**
Olja lebt in einem Vorort von Moskau, der Hauptstadt von Russland. Sie besucht die „Klassische Tanzschule“, um Tänzerin zu werden. Mit diesem Schulabschluss kann sie einem professionellen Ballettensemble beitreten. Oljas Füße stecken beim Tanzen in Schuhen aus Stoff. Da sie sehr schnell verschleißen, braucht sie oft ein neues Paar. Am liebsten tanzt Olja in einem Röckchen aus weißer Spitze, aber beim Üben hat sie meistens ein einfaches Trikot an. Ihre Haare trägt Olja gern offen, aber für den Unterricht muss sie die Haare zu einem Dutt hochstecken. Olja wollte schon immer Tänzerin werden.

6 ●●● **A** die Jacke – **B** perfekt – **C** aktuell – **D** der Takt – **E** der Rekord – **F** die Socke – **G** der Rock – **H** die Makkaroni – **I** Sakko – **J** der Akkord – **K** akkurat – **L** die Decke

Lange Vokale

Seite 75

1 **Kasten links:** Bahn – Sahne – Blume – Lügen – Rohre – Mut – Urlaub – Fohlen – Sandalen – Königin – Namen – Leben – Lehrer – Möhren
Kasten rechts: schlagen – verehren – erwähnen – führen – krönen – besohlen – ernähren – nehmen – belohnen – verlegen – erzählen – schaben – kehren – fahren

2 **A** Bohnen – Melonen; **B** Kran – Hahn; **C** Hüne – Bühne; **D** Kohlen – Pistolen

Seite 76

3 Richtige Verkleinerungsform und mögliche Nomenzusammensetzung

A der Aal → das Älchen – der Aalfang; **B** das Paar → das Pärchen – das Paartanzen;
C die Seele → das Seelchen – das Seelenleben; **D** das Boot → das Bötchen – das Hausboot;
E das Haar → das Härchen – der Haarausfall

4 **A** pürieren → Püree – **B** wiegen → Waage – **C** frottieren → Frottee –
D gelieren → Gelee – **E** säen → Saat – **F** schneien → Schnee

5 **A** Aal → (sich) aalen – **B** Paar → (sich) paaren – **C** Seele → beseelen – **D** Moos → vermoosen –
E Haar → (ent)haaren – **F** Staat → verstaatlichen – **G** Teer → teeren – **H** Heer → verheeren

6 **A** Das **See**grundstück bot **see**wärts einen wunderbaren **See**blick auf **see**tüchtige Segelboote, die bei **See**wind in **See** stachen und am **See**ufer die **See**rosen zurückließen.
B Im **Moor** war der **Moor**boden schon so lange **moor**ig, dass es ungezählte **Moor**leichen von **Moor**hühnern gab, die nun bis in alle Ewigkeit ein **Moor**bad nehmen.

Fremdwörter erkennen und richtig schreiben

Seite 77

1 c
A Grafik – Graphik
B Buffet – Büfett
C kremig – cremig
D Potential – Potenzial
E Fantasie – Phantasie
F Joghurt – Jogurt
G Frisör – Friseur
H Mikrofon – Mikrophon
I Nougat – Nugat
J Photographie – Fotografie

2 a + b
Delfin/Delphin – Clip/Chip – Coupon/Kupon – Rhythmus

3 a–c
Plateau, das: Hochebene – **fatal (Adj.):** verhängnisvoll – **famos (Adj.):** ausgezeichnet – **Dialekt,** der: Mundart – **Karussell,** das: Attraktion auf dem Jahrmarkt, bei der sich eine große Scheibe mit Menschen im Kreis dreht – **Frottee,** das/der: Textil, das besonders saugfähig ist – **Duell,** das: Wettkampf zu zweit – **Kartell,** das: Zusammenschluss zwischen Konkurrenten – **Monument,** das: Denkmal – **grandios (Adj.):** großartig – **Püree,** das: Brei aus Kartoffeln, Gemüse o. Ä. – **elegant (Adj.):** besonders vornehm

Seite 78

1 a + b
Cho Sang besucht in Seoul eine landes**typische** Schule. Ihr Alltag ist systemat**isch** durchstruktur**iert**. Der intens**ive** Unterricht dauert bis ca. 16 Uhr. Anschließend sind noch bis spät abends Hausaufgaben zu absolv**ieren**. Zudem muss sie sich akrib**isch** auf den nächsten Schultag vorbereiten, denn die Anforderungen des Unterrichts sind sehr hoch und von vielen Regeln geprägt. Für Spiel, Spaß und Kreativ**ität** bleibt da häufig zu wenig Zeit, da die Prüfungen den Schulalltag domin**ieren**.

2

Nomen	Verben	Adjektive
der Typ	typisieren	typisch
das System	systematisieren	systematisch
die Intensivität	intensivieren	intensiv
das Absolvieren/die Absolvierung	absolvieren	akribisch
die Akribie	dominieren	kreativ
die Kreativität		dominant
die Dominanz		

3 ●●● **Mögliche Sätze:**
Kreativität hilft beim Absolvieren schwieriger Aufgaben.
Intensives und systematisches Wiederholen schult die Rechtschreibung.
Mit Akribie kann jeder die Aufgabe meistern.

Teste dich! – Kurze und lange Vokale

Seite 79

1 Fototechnik: Stra**h**lend sch**ö**ne Bilder!
Es g**e**ht hier um die Licht- und Scha**tt**enseiten des Fotografi**e**rens. I**mm**erhin ist es entscheidend für eure Bilder, ob i**h**r zur Mi**tt**agszeit oder in der Dä**mm**erung, bei Kunst- oder mit G**e**genlicht fotografiert. Achtet d**a**rum nicht zuletzt darauf, aus welcher Richtung das Licht auf euer Moti**v** fä**ll**t. 13 Punkte

2 a + b
Tipps für tolle Aufnahmen
Wenn mittags die Sonne fast senkrecht am Himmel steht, ist das Licht hart. Weicher wirkt es, je weiter seine Quelle entfernt und je größer die Fläche ist, von der es abstrahlen kann, etwa ein bewölkter Horizont. Fotografiert ihr mit Gegenlicht, werden die Bilder meist sehr düster. Schade, falls ihr schöne Porträts schießen wolltet. Aber genau richtig, wenn eure Bilder aussehen sollen wie Scherenschnitte. 14 + 14 (28) Punkte

3 **Richtig** sind die Aussagen **C** und **E.** **Falsch** sind **A, B** und **D.** 5 Punkte

Insgesamt zu erreichende Punktzahl: **46 Punkte**

Die Schreibung der *s*-Laute

Seite 80

1 **-ßen:** grüßen – außen – einflößen – fließen – heißen – schmeißen – stoßen;
-ßig: fleißig – dreißig – mäßig – gefräßig;
-ße: Füße – Muße – Größe – Maße – Späße – Flöße – Schöße – Süße

2 Gras – Gräser, Glas – Gläser, Preis – Preise, Fuß – Füße, Gans – Gänse, Kloß – Klöße, Maus – Mäuse, Strauß – Strauße

Seite 81

3 a **Boss** – Bass – Fass – nass – Nuss; **wessen** – messen – missen – wissen – Kissen;
Biss – Riss – Ross – goss – Guss; **fassen** – lassen – Massen – müssen – küssen
b **Mögliche Sätze (Zeile 1):**
Der Boss ist Paul. Doch wessen Boss? Das ist Paul gleichgültig, denn er hat Biss. Es ist nicht zu fassen.

4

Nomen	Verb	Adjektiv
der Missklang	missachten	misslaunig
die Missernte	missgönnen	missliebig
der Misserfolg	misslingen	missgünstig
der Missgriff	missbilligen	missmutig
das Missgeschick	missraten	missverständlich
das Missverhältnis	missverstehen	

5 ●●● Hindernis – Hindernisse, Geschehnis – Geschehnisse, Bekenntnis – Bekenntnisse, Vorkommnis – Vorkommnisse, Erfordernis – Erfordernisse, Kümmernis – Kümmernisse, Verhältnis – Verhältnisse, Erkenntnis – Erkenntnisse, Geständnis – Geständnisse

Seite 82

6

Infinitiv	Präsens Singular	Präteritum Singular	Nomen
erlassen	er erlässt	sie erließ	der Erlass
stoßen	sie stößt	er stieß	der Stoß
beschließen	er beschließt	sie beschloss	der Beschluss
vergessen	sie vergisst	er vergaß	das Vergessen
genießen	er genießt	sie genoss	der Genuss
messen	sie misst	er maß	das Maß
beißen	er beißt	sie biss	der Biss

7 ●●● **Der blaue Planet**
Unsere Erde wird oft „der blaue Planet" genannt, denn das meiste auf ihr ist Wasser. Eigentlich müsste sie daher „Wasser" heißen und nicht „Erde"! Der größte Teil dieser Flüssigkeit – 97 Prozent – ist leider das Salzwasser in Meeren und Ozeanen. Süßwasser gibt es nur in Flüssen und Seen, außerdem am Nord- und Südpol und als Gletscher in Form von Eis. Das Wasser auf der Erde reist sozusagen immerzu im Kreis herum, darum sprechen wir auch von Wasserkreislauf. Nicht überall auf der Erde gibt es genug von diesem kostbaren Nass, deshalb sollten wir sparsam und umsichtig damit umgehen. Dazu kann man zum Beispiel Regen für die Gartenbewässerung in einer Tonne sammeln, das Auto in einer Waschstraße mit geschlossenem Kreislauf waschen und beim Zähneputzen das Wasser nicht weiter fließen lassen.

das oder *dass*?

Seite 83

1 **Morgens in der Großfamilie**
Wie klappt es, ~~das~~/dass morgens alle pünktlich aufstehen, frühstücken und pünktlich loskommen? Das Radio, das/~~dass~~ auf 6:25 Uhr programmiert ist, hört man in allen Zimmern. Mama und Papa sorgen abwechselnd dafür, ~~das~~/dass unsere Pausenbrotboxen gefüllt werden. Im Bad ist so viel Platz am Waschbecken, ~~das~~/dass wir sechs Geschwister uns gleichzeitig die Zähne putzen können. Das Honigglas, das/~~dass~~ reihum wandert, reicht meistens nur für zwei Tage. Das Telefon, das/~~dass~~ um 7:25 Uhr wie ein Wecker läutet, sagt, ~~das~~/dass jetzt alle aufbrechen müssen.

2 **Urlaub mit der Großfamilie**
Daran, **dass** wir tagelang packen, merkt auch der letzte Nachbar, **dass** wir bald verreisen. Wir, das sind meine fünf Geschwister, unsere Eltern und ich, Gianna. 10 Koffer und Taschen zählte im vergangenen Sommer unser Gepäck, **das** sich im Flur bald übereinanderstapelte. Ich war froh, **dass** ich wenigstens noch zu meinem Bett durchkam. Auch wir Kinder packen. Klar ist es manchmal nervig, **dass** wir alle mithelfen müssen. Aber so hat man das schöne Gefühl, **dass** der Urlaub immer näherkommt. Unser Auto, **das** ein Bus mit acht Plätzen ist, reicht gerade eben für unsere Familie aus. Als Großfamilie im Urlaub zu sein, ist schön und schlimm zugleich. Schlimm ist, **dass** es dann mehr Streit und weniger Süßigkeiten gibt. Schade ist auch, **dass** unsere Unternehmungen nicht alle gleichermaßen beliebt sind. So finden es die Kleinen zum Beispiel viel zu anstrengend, gemeinsam eine Bergtour zu machen, die Großen aber langweilen sich. Das vielleicht Schönste am Urlaub in einer Großfamilie ist, **dass** ständig irgendetwas passiert.

Teste dich! – Die *s*-Laute und *das* oder *dass*?

Seite 84

1 Energiesparhaus – Haus – lässt – Außenwand – ausgelöst – Haus – Das – Schlüssel – vergessen – Türschloss – ist – heißes – lasse – Gewissen – weiß – dass — 16 Punkte

2 **Wie Häuser Energie fressen**
Dass in Gebäuden sehr viel Energie verbraucht wird, zum Beispiel für die Heizung, warmes Wasser oder Elektrogeräte, weiß jedes Kind. Und es weiß auch, **dass** dies teuer für die Bewohner und schlecht für die Umwelt ist. Denn wo Energie verbraucht wird, entsteht meist CO_2, ein Gas, **das** schädlich fürs Klima ist. In Deutschland gibt die Regierung deshalb viel Geld für Solarenergie aus. **Das** regt zwar nicht alle Hausbesitzer zum Energiesparen an, aber doch einige. Und wir dürfen nicht übersehen, **dass** viele Menschen ihre Häuser so umbauen, **dass** diese selbst Energie erzeugen können – etwa durch eine Solaranlage. — 6 Punkte

Insgesamt zu erreichende Punktzahl: — **22 Punkte**

Zeichensetzung – Andere Länder, andere Sitten

Das Komma zwischen Sätzen

Seite 85

1 **a–c** Satzreihe, verknüpfende Konjunktionen

Ein Blick über den Tellerrand
Sicher kennst du einige Regeln, wie du dich am Essenstisch benehmen sollst. Eine Aufforderung, die Kinder bei uns oft zu hören bekommen, lautet: Iss deinen Teller leer! Bei uns gilt es als höflich, wenn man seine Speisen aufisst. Der leere Teller freut die Köchin, weil er signalisiert, dass es dir geschmeckt hat. Bei einem Besuch in Russland solltest du diese Regel aber außer Acht lassen, denn der Koch wird sonst enttäuscht sein. Ein Teller, welcher leergegessen ist, weckt beim Koch die Frage, ob er zu wenig zubereitet hat. Indem du aus Höflichkeit einen Rest auf dem Teller lässt, lobst du in Russland die Kochkunst des Hauses.

Wenn man in die USA reist, kann man auch einen Unterschied zu unseren Essgewohnheiten beobachten. Die US-Amerikaner halten beim Essen nicht Messer und Gabel in den Händen, sondern eine Hand bleibt frei und liegt im Schoß. Es ist unklar, ob diese Tischsitte tatsächlich auf die Zeit des Wilden Westens zurückgeht. Weil man damals jederzeit bereit für eine Schießerei sein musste, soll eine Hand stets an der Waffe gelegen haben. Heutzutage essen jedenfalls die meisten US-Amerikaner nur mit der Gabel, nachdem sie zuvor ihr Fleisch und andere Speisen zerschnitten haben.

Seite 86

2 a + b

A 4 Die Tischsitten, die in asiatischen Ländern gelten, unterscheiden sich stark von den europäischen.
B 6 In China ist zum Beispiel das Schlürfen üblich(,) und es darf mit vollem Mund gesprochen werden.
C 5 Das Ansaugen der Suppe ist durchaus sinnvoll, denn dadurch kommt Luft in den Mund, die das Aroma der Speisen verstärkt.
D 1 Ältere Menschen werden bei Tisch besonders umsorgt, indem man ihnen mit dem eigenen Essstäbchen leckere Bissen reicht.
E 2 Gräten oder kleine Knochen dürfen auf den Tisch gespuckt werden, aber das Niesen oder gar Schnäuzen ist streng verboten.
F 3 Während bei uns keiner bei Tisch Fleischreste mit den Fingern aus den Zähnen ziehen sollte, kann man das in Asien unbeschwert tun, denn niemand findet dieses Verhalten unappetitlich.

3 ●●● Obwohl es nicht ganz einfach ist, lernen chinesische Kinder das Essen mit Stäbchen schon im Kindergarten. Wissenschaftler betonen, dass dies das Gehirn trainiert, denn die Koordination von Essen, Stäbchen und Mund ist anspruchsvoll. Alle Kinder in Asien wissen, dass man mit Stäbchen nicht auf andere Leute zeigt. Sie dürfen das Essen nicht aufspießen, obwohl das manchmal leichter wäre. Außerdem lernen die Kinder, dass man Stäbchen nicht senkrecht in die Reisschale steckt. Das macht man nur bei einer Trauerfeier, damit der Verstorbene im Himmel, auf den das Stäbchen zeigt, symbolisch mitessen kann.

Das Komma bei Aufzählungen, Appositionen und Erläuterungen

Seite 87

1 a + b

Mahlzeiten in China

Wer als Tourist oder als Geschäftsmann nach China kommt, sollte damit rechnen, dass er nicht nur ungewohnte Tischsitten, sondern auch einige Geschmacksabenteuer erleben wird. So wird in China zum Beispiel neben dem Fleisch von Schwein, Rind und Huhn auch Entenfleisch verarbeitet. Milch, Joghurt, Käse und andere Milchprodukte werden hingegen nur selten verwendet, da viele Chinesen den Milchzucker (Lactose) nicht gut verdauen können.
Bei einer typisch chinesischen Mahlzeit werden verschiedene Vorspeisen, Hauptgerichte sowie der Nachtisch gleichzeitig zubereitet, in verschiedene Schüsselchen gegeben und gemeinsam auf den Tisch gestellt. Man wird darunter Scharfes, aber auch Süß-Saures finden. Auf jeden Fall gibt es morgens, mittags und abends ausreichend Reis. Er darf bei keiner Mahlzeit fehlen. So nennen Chinesen ihre Mahlzeiten sogar Morgenreis, Mittagsreis und Abendreis.

2 a + b

Zu Gast in der indischen Provinz Ladakh

In Ladakh, einer indischen Provinz im höchsten Gebirge der Welt, nämlich dem Himalaya, wird einem Gast als Erstes ein Tee angeboten. Dieser Tee wird in kleinen Gefäßen aus unterschiedlichem Material, häufig aus Ton oder Metall, serviert und riecht sehr streng. Er besteht aus Schwarztee, Salz und der Butter von Yaks, einer dort heimischen Rinderart. Diese Butter, ein kostbares Nahrungsmittel in der kargen und kalten Gegend, schmeckt ranzig und intensiv nach Kuh. So zeigt sich in der freundlichen Frage „Butter tea?“, so der Name des Tees, zwar die äußerst herzliche Gastfreundschaft der Ladakhis, den Tee mit freundlichem Gesichtsausdruck zu trinken, kann dem Gast aus der Ferne, zum Beispiel aus Deutschland, aber schwerfallen.

Das Komma bei Infinitiv- und Partizipialkonstruktionen

Seite 88

1 a + b Um in Indien bei einer Einladung nicht anzuecken, ist die Kenntnis grundlegender Benimmregeln wichtig. Anstatt das Haus des Gastgebers einfach zu betreten, sollte man sich an der Schwelle die Schuhe ausziehen. Denn barfuß einzutreten(,) ist eine vielerorts noch geschätzte alte Sitte. Üblich ist es auch, sich vor und nach dem Essen die Hände zu waschen. Traditionell wird nämlich mit den Händen gegessen, wobei es allerdings als unanständig gilt, die linke, „unreine“ Hand zu benutzen. Statt sich über ein Gastgeschenk den Kopf zu zerbrechen, sollte man sich lieber als Zeichen der Wertschätzung vor dem Gastgeber verbeugen.

2 a + b

A Ausführlich bebildert, so vermittelt der Ratgeber die wichtigsten Tischsitten des Urlaubslandes.
→ **Mögliche Umformulierung:**
Dieser Ratgeber ist ausführlich bebildert, sodass er die wichtigsten Tischsitten des Urlaubslandes vermittelt.

B Der indische Kochkurs, von allen mit Spannung erwartet, wurde ein unvergleichliches Erlebnis.
→ **Mögliche Umformulierung:**
Der indische Kochkurs, der von allen mit Spannung erwartet worden war, wurde ein unvergleichliches Erlebnis.

Teste dich! – Zeichensetzung

Seite 89

1 In vielen ostafrikanischen Ländern, zum Beispiel in Kenia, Tansania oder Uganda, wird täglich Ugali – ein klebriger, sättigender, geschmacksneutraler Maisbrei – gegessen. Anstatt Besteck zu verwenden, wird dieser mit der rechten Hand zu kleinen Kugeln geformt. Niemals wird mit der linken Hand gegessen, denn sie gilt als unrein. Alle bedienen sich, der Tradition entsprechend, gemeinsam aus einer großen Schüssel. Sobald eine Ugalikugel in der Hand fertig gedreht ist, tunkt man damit die Soße auf. 10 Punkte

2
A Komma vor und nach einer Apposition
B Komma am Anfang und am Ende einer Partizipialgruppe als nachgestellte Erläuterung, Komma bei Aufzählung
C Komma zwischen Ns und Hs
D Komma zwischen Hs und Ns
E Komma in Satzreihe zwischen Hs und Hs 5 Punkte

3 Wusstest du schon, dass (, **falsch**) in Südafrika gern Fleisch vom Springbock, Warzenschwein und der Oryxantilope gegessen wird? Weitläufige Farmen dienen dort dazu, den größten Vogel der Erde, Strauß genannt, zu züchten, denn sein Fleisch schmeckt lecker. „Smaaklike ete“, das heißt „Guten Appetit“, wünschen sich die Südafrikaner auf Afrikaans. Afrikaans ist eine Sprache, die aus dem Niederländischen stammt, sie ist heute eine (, **falsch**) von 11 Amtssprachen in Südafrika. 11 Punkte

Insgesamt zu erreichende Punktzahl: **26 Punkte**

Einen Jahrgangsstufentest meistern

Kompetenzbereich I: Textverständnis

Seite 91

1 Wiedergeburt aus Stahl **5** — Tropfenform als bahnbrechende Neuerung **6** — Hart an der Grenze **7** — Ursprung des Begriffs „Achterbahn“ **3** — 4 Punkte

2 richtig: **B** – falsch: **A** – nicht enthalten: **C** — 3 Punkte

3 **Anzukreuzen sind:** Abschnitt **4** und **5** — 2 Punkte

Seite 92

4 **Abschnitt 1:** Zieht den Leser mit einem szenischen Einstieg in das Geschehen hinein;
Abschnitt 7: Führt einen Gedanken des vierten Abschnitts weiter. — 2 Punkte

5 „Als Achterbahn eroberte das Gefährt bald deutsche Jahrmärkte“ (Z. 16). – **Personifikation**;
„Schleudern auf Schienen“ (Z. 18). – **Metapher, Alliteration**;
„Es ist wie von der Pferdekutsche zum Formel-Eins-Wagen“ (Z. 49 f.). – **Vergleich** — 4 Punkte

6 richtig: **E** – falsch: **A, B** – nicht enthalten: **C, D** — 5 Punkte

Kompetenzbereich II: Ausdrucksvermögen

Seite 93

7 — 12 Punkte

~~6 Fehler~~	**Mögliche Verbesserungen**
Die ersten „Achterbahnen“ wurden schon im 16. Jahrhundert im russischen Zarenreich ~~gebildet~~ – als eine Art ~~Winterfun~~:	gebaut, errichtet, entwickelt / Wintervergnügen, Winterspaß
Auf Marktplätzen errichteten die Russen knapp 25 Meter hohe Holzkonstruktionen, ~~übergießten~~ diese mit Wasser und ließen sie über Nacht zu Rodelbahnen ~~vergletschern~~.	übergossen / vereisen, gefrieren, erstarren, einfrieren
Als 1812 französische Soldaten nach Russland kamen, waren sie von den „Russischen Bergen“ so begeistert, dass sie die Bahnen daheim nachbauten.	
Weil die Winter in Frankreich aber selten lang andauern, ~~versorgten~~ sie die Schlitten mit Rädern.	ausstatten mit, ausrüsten mit, versahen mit
So mussten die Franzosen im Sommer nicht auf die ~~rasenden~~ Fahrten verzichten.	rasanten, schnellen

8 **Mögliche deutsche Synonyme:** Innovationen – Neuerungen; der Hype – der Rummel/die Aufregung; sensationell – außerordentlich/aufsehenerregend; das Gros – die Mehrheit/der Großteil — 4 Punkte

Kompetenzbereich III: Formale Sprachbeherrschung

9 Kim: „Wir müssen unbedingt den neuen Looping testen!“ →
Kim schlug vor, sie müssten unbedingt den neuen Looping testen.

Emma: „Ich bin dabei.“ →
Emma erwiderte, sie sei dabei.

Leo: „Ich komme nicht mit, mir wird immer gleich schlecht.“ →
Leo wendete ein, er komme nicht mit, ihm werde immer gleich schlecht. — 3 Punkte

Seite 94

10 **Frau Schlögel (*wie*-Satz):**
Wie die Ingenieurin versichert, ist bisher selten ein Unglück durch einen technischen Defekt verursacht worden.

Mechaniker (*dass*-Satz):
Ein Mechaniker versichert, dass sie die Achterbahnen regelmäßig warten.

Mechaniker (Infinitivsatz):
Ein Mechaniker versichert, die Achterbahnen regelmäßig zu warten.

Herr Urner (Infinitivsatz):
Herr Urner behauptet, Fahrgäste beobachtet zu haben, die mit leichtsinnigem Verhalten einen Unfall provozierten. — 4 Punkte

11 a + b

B **Nebensatz:** Adverbialsatz konzessiv / Konzessivsatz
Mögliche Umformung: Trotz der anfänglichen Gefährdung ihrer Gesundheit ließen sich viele Fahrgäste nicht von diesem Vergnügen abhalten.

C **Nebensatz:** Adverbialsatz kausal / Kausalsatz
Mögliche Umformung: Unfälle sind heutzutage dank/wegen/aufgrund der ausgefeilten Technik der Achterbahnen äußerst selten.

4 Punkte

Seite 95

12 15 Punkte

	Verbesserungen
Noch heute abend antworten: Einladung zur Geburtstagsfeier! Freut euch, denn wir dürfen am samstag feierngehen.	Abend Samstag, feiern gehen
Seid ihr schwindelfrei? Ich habe mir nemlich das Achterbahn fahren im Vergnügungspark gewünscht.	nämlich (das) Achterbahnfahren
Dort steht auch eines der grösten Riesenräder Europas. Oben erwartet uns etwas sehr schönes: Wir werden einen wunderbaren Aussblick über die ganze Stadt haben.	größten (etwas) Schönes Ausblick
Seid ihr seetauglich? Denn es gibt auch eine risige, neue Schifschaukel. Beim schaukeln heist es gut festhalten!	riesige Schiffschaukel, Schaukeln, heißt
Seid ihr mutig? Dann könnt ihr mit mir auf den Freifalturm kommen. Das wird ein kribbeln im Bauch geben, wenn wir aus 30 Metern Höhe nach unten Rauschen.	Freifallturm, (ein) Kribbeln rauschen
Ich freue mich auf euer Kommen! Leopold	

13 In den bayrischen Vergnügungsparks kommen nicht nur die großen Gäste auf ihre Kosten, sondern auch die kleinen. Neben den Achterbahnen, die Namen haben wie „Der vogłwuide Sepp" oder „Freischütz", gibt es auch Kettenkarussells, lange Rutschbahnen oder Autoscooter. Wer es etwas nasser möchte, der sollte eine der zahlreichen Wasserrutschen testen. Man kann in einem solchen Park den ganzen Tag verbringen, ohne sich zu langweilen, und wer möchte, hat sogar immer öfter die Möglichkeit, in einem Freizeitland auch zu übernachten. Da ist der grenzenlose Spaß vorprogrammiert.

9 Punkte

Punkteverteilung

Aufgabe	deine Punktzahl	Höchstpunktzahl
Textverständnis		
1		4
2		3
3		2
4		2
5		3
6		5
Deine Gesamtpunktzahl im Kompetenzbereich I beträgt:		
Ausdrucksvermögen		
7		6
8		4
9		3
Formale Sprachbeherrschung		
10		4
11		4
Deine Gesamtpunktzahl im Kompetenzbereich II beträgt:		
Rechtschreibung und Zeichensetzung		
12		15
13		9
Deine Gesamtpunktzahl im Kompetenzbereich III beträgt:		
Die Gesamtpunktzahl aus den Bereichen I, II und III beträgt:		65
Deine Gesamtpunktzahl aus den Bereichen I, II und III beträgt:		

Gymnasium Bayern

Deutschbuch

Arbeitsheft 7
mit interaktiven Übungen

Herausgegeben von
Kurt Finkenzeller und
Andrea Wagener

Erarbeitet von
Martin Scheday (Passau) und
Konrad Wieland (Vilshofen a. d. Donau)

Deine **interaktiven Übungen** kannst du so freischalten:

1. Melde dich auf scook.de/bayern an. Beim ersten Besuch von scook.de/bayern musst du dich mit einer – nicht notwendig personifizierten – E-Mailadresse registrieren.
2. Gib den unten stehenden Zugangscode in die Box ein.
3. Damit deine Lernstandsdaten gespeichert werden, müssen du und deine Eltern uns bei der ersten Freischaltung der interaktiven Übungen eine Einwilligung dazu geben. Cornelsen speichert die Antworten deiner durchgeführten Übungen für die Nutzungsdauer der interaktiven Übungen. Für Volljährige (über 18 Jahren) ist das Einverständnis der Eltern nicht erforderlich.

Die Nutzungsdauer für die Online-Übungen beträgt nach Aktivierung des Zugangscodes zwei Jahre. In dieser Zeit speichern wir deine Lernstandsdaten für dich; nach Ablauf der Nutzungsdauer werden sie gelöscht.

Dein Zugangscode auf **www.scook.de/bayern**
mvwk3-wbeyg

Die Mediencodes enthalten zusätzliche Unterrichtsmaterialien, die der Verlag in eigener Verantwortung zur Verfügung stellt.

Cornelsen

Inhaltsverzeichnis

Die Übersicht auf diesen Seiten hilft dir, **die Arbeit mit dem Arbeitsheft zu planen und zu prüfen**.
Nach dem Bearbeiten einer Übung musst du deine Ergebnisse sorgfältig mit dem Lösungsheft abgleichen.
Trage ein, wann du die Seiten bearbeitet hast, und kreuze an, wie dir die Übungen gelungen sind:

☺ Gut gelungen! 😐 Das meiste richtig. ☹ Manchmal unsicher.

Sprachgebrauch und Sprache untersuchen und reflektieren: Rechtschreibung

bearbeitet am | ☺ 😐 ☹

Jahrgangsstufentest

●●○ So gekennzeichnete Aufgaben sind schwieriger zu lösen als die, die nicht markiert sind.
●●● Diese Aufgaben sind für Profis, die das Erlernte bereits besonders gut beherrschen.

Materialgestützt informieren – Thema „Digitales Fasten“

Wissen und können | **Sich über ein Thema informieren – Materialien gezielt auswerten**

Wenn du mit einem eigenen Text deine Leser **knapp und gut verständlich über ein Thema informieren** willst, dann musst du zunächst mit Hilfe verschiedener Materialien **geeignete Informationen sammeln.** Wichtig ist es, **jeden Informationstext zum Thema,** z. B. Sachtexte, Interviews, Schaubilder, **genau zu lesen und auszuwerten.** Gehe so vor:

- Markiere wichtige **Schlüsselwörter.** Kläre die Bedeutung dir unbekannter Wörter.
- Schreibe **wichtige Informationen** heraus und **ordne** sie z. B. in einer **Mind-Map.**
- Werte **Schaubilder** (Diagramme, Grafiken, Karten) aus (►S. 24–25). Beachte insbesondere die Informationen, die entweder deinen bisherigen Informationsstand stützen oder die neu sind.

1 **Für eure Schülerzeitung soll ein informierender Text über das sogenannte „digitale Fasten“ verfasst werden. Markiere im folgenden Material zum Thema wesentliche Informationen zur Handy-Nutzung in Deutschland.**

Überfluss an Informationen – „Der Mensch ist nicht dafür geschaffen, ständig online zu sein“

Ist es noch normal, wie oft ich zum Handy greife? Wenn du zu den 46 Millionen Menschen in Deutschland gehörst, die ein Smartphone besitzen, hast du dir diese Frage sicher schon mal gestellt. Und dann vermutlich abgewunken. Im Vergleich zu den Freaks, die nur noch auf ihr Display starren, bist du schließlich noch harmlos.

Aber stimmt das? Um genauer zu erforschen, wie häufig, wie lange und zu welchem Zweck User ihr Mobiltelefon in die Hand nehmen, haben Wissenschaftler von der Universität Bonn die App „Menthal“ entwickelt. Wer diese herunterlädt, erlaubt dem Institut für Informatik der Universität, die Nutzungsdaten zu verwenden.

Die Forscher haben die Daten von 60 000 Smartphone-Nutzern ausgewertet. Das Ergebnis: Zweieinhalb Stunden beschäftigten sie sich täglich mit dem Smartphone, Jugendliche sogar drei. Selbst beim Abendessen oder bei der Arbeit griffen die Probanden zum Handy, scrollten durch Nachrichten, checkten Mails.

© VcG (Vereinigung clubfreier Golfspieler)
Quelle: Alexander Markowetz: Digitaler Burnout / Universität Bonn

2 **Fasse knapp die wichtigsten Informationen zusammen. Beziehe dabei die Grafik ein.**

46 Millionen Deutsche besitzen

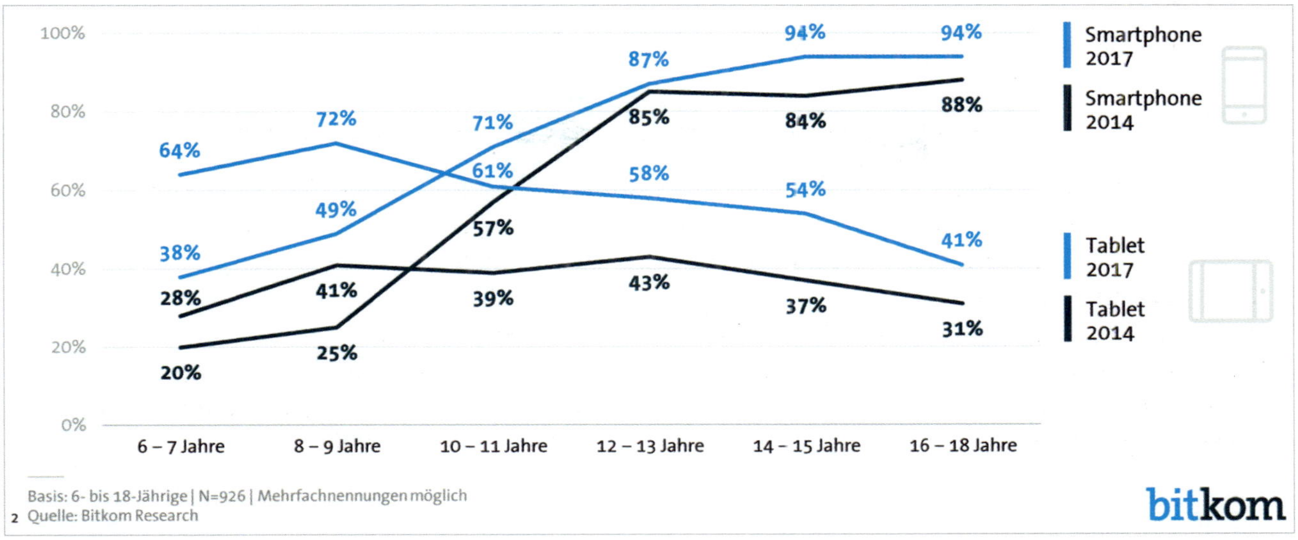

N = Anzahl der befragten Personen

3 **Werte das Kurvendiagramm aus.**

a Entscheide, welche Überschrift bzw. Frage am besten zur Grafik passt, und kreuze sie an:

☐ Wie oft nutzen Kinder und Jugendliche welche digitalen Geräte?

☐ Welche digitalen Geräte nutzen Jugendliche zumindest ab und zu?

b Beschreibe mit wenigen Worten, was die Grafik darstellt. Betrachte dazu die x-Achse und die y-Achse.

c Kreuze an, ob die folgenden Aussagen richtig, falsch oder dem Diagramm nicht zu entnehmen sind.

	richtig	falsch	nicht enthalten
A 10-Jährige nutzten im Jahr 2014 häufiger ein Tablet als 18-Jährige.			
B Vor dem Jahr 2010 nutzten weniger als 50 % aller Kinder und Jugendlichen ein Smartphone.			
C Im Jahr 2017 nutzten 6- bis 7-jährige Kinder Tablets genauso häufig wie Smartphones.			
D Auch wenn im Jahr 2017 in einer Familie ein Tablet vorhanden war, nutzten Kinder und Jugendliche häufiger ein Smartphone.			
E 15-Jährige nutzten im Jahr 2017 genauso häufig ein Smartphone wie 18-Jährige.			

d Fasse die Hauptaussage des Diagramms knapp zusammen.

In den Jahren 2014 bis …

4 **Lies den folgenden Text und erkläre mit eigenen Worten, was „digitale Entgiftung“ bedeutet. Erläutere anhand eines Beispiels, wie man sie durchführen kann.**

Digital Detox – Aufruf zum Handyfasten

In den USA macht ein Trend die Runde: Digital Detox (deutsch: digitale Entgiftung). Gemeint ist damit der bewusste Verzicht auf Smartphones und Apps.

Wie läuft das Handyfasten ab?

Die Teilnehmer schalten ihr Gerät komplett aus und versuchen, so lange wie möglich ohne Handy und Apps auszukommen. Ob nur einen Tag, eine Woche oder gar 40 Tage: Wie lange man mitmacht, entscheidet jeder selbst. Da es sich in der Gemeinschaft einfacher fastet, ruft Handysektor[1] alle Schülerinnen und Schüler in ganz Deutschland auf, am Handyfasten teilzunehmen – am besten im Klassenverband. So können sich die Jugendlichen gegenseitig motivieren.

Tipps zum Handyfasten

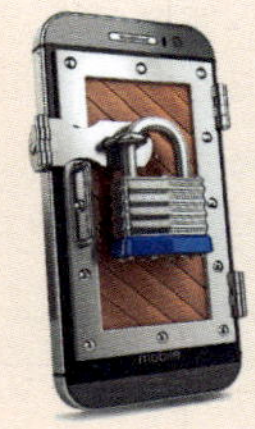

- Ziele und Regeln festlegen, wie lange und unter welchen Bedingungen gefastet werden soll
- Familie und Freundeskreis über die Digitalkur informieren
- Für häufig genutzte Funktionen rechtzeitig Ersatz besorgen (z. B. Wecker, Kalender)
- Handy komplett ausschalten und am besten wegschließen
- Tagebuch führen und notieren, an welchen Stellen das Mobiltelefon fehlt und für welche anderen Dinge plötzlich Zeit ist
- Sich eine Belohnung für das Handyfasten in Aussicht stellen

1 Handysektor: unabhängige Anlaufstelle für Jugendliche mit Schwerpunkt „digitale Medien“

5 **a** **Markiere im folgenden Text die Risiken eines übermäßigen Handygebrauchs und die positiven Auswirkungen eines bewussten Verzichts mit zwei verschiedenen Farben.**
b **Erkläre die im Text unterstrichene Aussage Dr. Lembkes (Z. 18–20).**

Dr. Mirriam Prieß (Ärztin), Professor Dr. Gerald Lembke (Digitalexperte), Dr. Daniela Otto (Autorin)

Digitales Fasten oder „Weniger ist mehr“

Likes und Nachrichten sorgen für die soziale Bestätigung, haben aber auch ein großes Suchtpotenzial: „Wir sind süchtig nach den Glücksmomenten, die uns die Online-Kommunikation liefern kann“, so Professor Gerald Lembke. Das Immer-auf-dem-Laufenden-Sein gibt ein Gefühl von Sicherheit und Kontrolle. Es droht jedoch der digitale Overkill. „Der User hat das Gefühl, auf jede eingehende Nachricht sofort reagieren zu müssen“, erklärt Otto. „So erzeugen die neuen Medien Stress, der körperliche Folgen wie Magengeschwüre oder Schlafstörungen haben kann. Auch die Psyche ist bei Dauerstress in Gefahr: Depressionen, Erschöpfung und Burnout sind möglich.“

„Reduzieren ist das Motto: Nicht jeder Newsletter und jede Eilmeldung sind notwendig, nicht jeder Klingelton ist ein Muss. Einfach einmal offline sein und entspannen ist heilsam.“ Die richtige Balance zwischen Smartphone-Nutzung und -Nichtnutzung hält Lembke für entscheidend.

Das Abschalten lohnt sich in vielfacher Hinsicht: „Digitales Fasten ist wichtig: Die Körperhaltung verbessert sich, weil man nicht mehr runter auf das Display schaut, die Empathiefähigkeit[1] steigt, man hört anderen besser zu, strengt sein Gehirn an, statt zu googeln, ist also kreativer, schläft besser ohne das helle Licht des Displays und nimmt seine Umwelt und Mitmenschen anders wahr“, bringt es Otto auf den Punkt.

1 die Empathie: Bereitschaft, Empfindungen, Gedanken und Gefühle anderer Personen zu erkennen und zu verstehen

Wissen und können	**Den Informationstext planen und gliedern**

- Gib deinem Text eine **klare gedankliche Struktur** („roter Faden“).
- Ordne die Informationen **sinnvoll** an, z. B.: *Definition → Maßnahmen → Probleme* oder *Vergangenheit → Gegenwart → Zukunft*.
- Gliedere deinen Text in **Überschrift, Einleitung** (Hinführung zum Thema), **Hauptteil** (logisch gegliederte Darstellung und Erläuterung des Themas) und **Schluss** (Zusammenfassung, Ausblick).

6 **a** **Überlege, welche Fragen in dem Schülerzeitungsartikel zum Thema „digitales Fasten“ beantwortet werden sollten. Lege im Heft eine Mind-Map mit möglichen Fragen an, z. B.:**

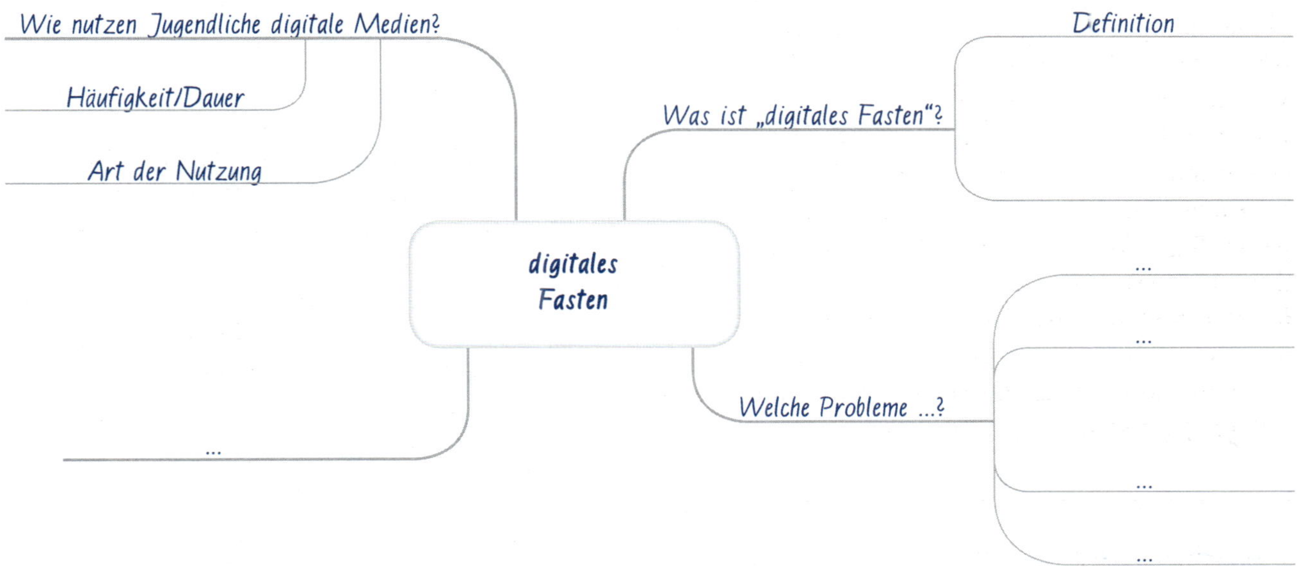

b **Ordne die Informationen ein, die du bisher den Materialien auf den Seiten 4 bis 6 entnommen hast.**

c **Ergänze in deiner Mind-Map Stichpunkte zu offen gebliebenen Fragen. Überfliege dazu die Materialien erneut und greife auch auf eigenes Wissen zurück.**

7 **a** **Kreuze an, welche gedankliche Struktur sich für deinen Informationstext am besten eignet.**

b **Begründe deine Entscheidung.**

A ☐ Problem → Maßnahmen → Folgen/Auswirkungen   B ☐ Vergangenheit → Gegenwart → Zukunft

Die gedankliche Struktur ______ ist am besten für meinen Informationstext geeignet, weil ______

____

8 **Erarbeite einen Schreibplan für den Hauptteil deines Textes.**

a **Markiere in deiner Mind-Map diejenigen Fragen, die du in deinem Informationstext beantworten möchtest.**

b **Fertige mit der in Aufgabe 7 festgelegten Struktur einen Schreibplan an. Ordne ihr in Stichpunkten Informationen zu.**

gedankliche Struktur	**Stichworte/Informationen**

Wissen und können | **Den Informationstext schreiben und überarbeiten**

- Verfasse den Informationstext **mit eigenen Worten** und formuliere **sachlich** ohne persönliche Wertungen.
- Um Informationen aus Texten wiederzugeben, eignen sich folgende Methoden:
  - Ersetze Nomen und Verben durch **Wörter mit gleicher oder ähnlicher Bedeutung** (▶ Synonyme, S. 50).
  - Formuliere **Aussagen** aus deinen Materialien in **indirekter Rede** (▶ S. 39–41).
  - Kennzeichne wörtliche Übernahmen aus Texten als **Zitate mit Anführungszeichen,** z. B.: *„Digitales Fasten ist wichtig", bestätigt die Autorin Dr. Otto (S. 6, Z. 22).*
  - Nenne die **Quellen,** aus denen du Informationen übernommen hast, z. B.: *Laut Aussage des Experten ... In der Studie ... wird festgehalten, dass ... Nach Meinung der ...*
- **Verdeutliche Zusammenhänge** (Ursache, Wirkung etc.) auch sprachlich, z. B. durch **Satzverknüpfungen** wie *weil, daher, denn, sodass, indem, statt* etc.
- Verwende das **Präsens** als Grundtempus.
- **Verdeutliche** die **Gliederung** deines Textes durch **Absätze.**

9 a **Dein Schülerzeitungsartikel sollte von Beginn an die Neugier deiner Mitschülerinnen und Mitschüler wecken. Kreuze an, welche der folgenden Einleitungen dafür am geeignetsten ist.**

A ☐ Es scheint in unserer Gesellschaft ganz normal zu sein, dass ...

B ☐ Unter „digitalem Fasten" versteht man ...

C ☐ Mal ehrlich! Wie oft hast du heute schon zum Handy gegriffen? ...

D ☐ Einen Tag lang auf Schokolade verzichten kann jeder, aber ...

E ☐ Wissenschaftliche Untersuchungen haben ergeben, dass ...

b **Formuliere eine vollständige Einleitung, die das Interesse deiner Leser weckt.**

10 **Der folgende Ausschnitt eines Schülertextes ist unzusammenhängend formuliert. Verbessere ihn, indem du die Sätze sinnvoll durch Konjunktionen bzw. Adverbien miteinander verknüpfst.**

Die negativen Folgen einer übermäßigen Handynutzung sind bekannt. Viele Jugendliche benutzen es ständig. Es fällt ihnen schwer, das Handy zur Seite zu legen. Eine besondere Motivation für einen Verzicht ist nötig. Ein gemeinsames Fasten kann hilfreich sein.

11 a **Verfasse für die Schülerzeitung einen zusammenhängenden informierenden Text zum Thema „Digitales Fasten". Schreibe ihn in dein Heft und greife auf deine Vorarbeiten zurück (▶ Aufgaben 1 bis 10).**

b **Prüfe und überarbeite deinen Text, indem du das „Wissen und können" auf S. 7 und 8 als Checklisten nutzt.**
Tipp: Du kannst deinen Text auch mit einem Lernpartner tauschen. Verbessert euch gegenseitig.

Über den Inhalt einer Geschichte informieren – Ilse Aichingers „Das Fenster-Theater“

Einen literarischen Text zusammenfassen

Wissen und können | **Über den Inhalt einer Geschichte informieren – Texte zusammenfassen**

Damit andere, die eine Geschichte nicht gelesen haben, **über das Wesentliche informiert** werden, fasst man ihren **Inhalt knapp und sachlich zusammen.**

Aufbau:

- In der **Einleitung** benennst du die Art des Textes (z. B. *Kurzgeschichte*), den Titel, das Erscheinungsjahr und die Autorin / den Autor. Umschreibe auch mit wenigen Worten den Inhalt, z. B.: ... *geht es um eine Frau, die einen Mann im Fenster des Hauses gegenüber beobachtet und dabei ...*
- Im **Hauptteil** fasst du **die wichtigsten Ereignisse der Handlung (Handlungsschritte)** in der zeitlich **richtigen Reihenfolge** zusammen. Mögliche Rückblenden oder Vorausdeutungen werden in den zeitlichen Handlungsverlauf eingeordnet.

1 **Lies die folgende Kurzgeschichte und notiere in deinem Heft deine ersten Eindrücke, z. B.: Was hat dir gut, was hat dir weniger gefallen? Was hat dich evtl. überrascht? Welche Fragen stellen sich dir?**

Ilse Aichinger (1921–2016)

Das Fenster-Theater (1953)

Die Frau lehnte am Fenster und sah hinüber. Der Wind trieb in leichten Stößen vom Fluss herauf und brachte nichts Neues. Die Frau hatte den starren Blick neugieriger Leute, die unersättlich sind. Es hatte ihr noch niemand den Gefallen getan, vor ihrem Haus niedergefahren zu werden. Außerdem wohnte sie im vorletzten Stock, die Straße lag zu tief unten. Der Lärm rauschte nurmehr leicht herauf. Alles lag zu tief unten. Als sie sich eben vom Fenster abwenden wollte, bemerkte sie, dass der Alte gegenüber Licht angedreht hatte. Da es noch ganz hell war, blieb dieses Licht für sich und machte den merkwürdigen Eindruck, den aufflammende Straßenlaternen unter der Sonne machen. Als hätte einer an seinen Fenstern die Kerzen angesteckt, noch ehe die Prozession die Kirche verlassen hat. Die Frau blieb am Fenster.
Der Alte öffnete und nickte herüber. Meint er mich?, dachte die Frau. Die Wohnung über ihr stand leer, und unterhalb lag eine Werkstatt, die um diese Zeit schon geschlossen war. Sie bewegte leicht den Kopf. Der Alte nickte wieder. Er griff sich an die Stirne, entdeckte, dass er keinen Hut aufhatte, und verschwand im Innern des Zimmers.
Gleich darauf kam er in Hut und Mantel wieder. Er zog den Hut und lächelte. Dann nahm er ein weißes Tuch aus der Tasche und begann zu winken. Erst leicht und dann immer eifriger. Er hing über die Brüstung, dass man Angst bekam, er würde vornüberfallen. Die Frau trat einen Schritt zurück, aber das schien ihn nur zu bestärken. Er ließ das Tuch fallen, löste seinen Schal vom Hals – einen großen bunten Schal – und ließ ihn aus dem Fenster wehen. Dazu lächelte er. Und als sie noch einen weiteren Schritt zurücktrat, warf er den Hut mit einer heftigen Bewegung ab und wand den Schal wie einen Turban um seinen Kopf. Dann kreuzte er die Arme über der Brust und verneigte sich. Sooft er aufsah, kniff er das linke Auge zu, als herrsche zwischen ihnen ein geheimes Einverständnis. Das bereitete ihr so lange Vergnügen, bis sie plötzlich nurmehr Beine in dünnen, geflickten Samthosen in die Luft ragen sah. Er stand auf dem Kopf. Als sein Gesicht gerötet, erhitzt und freundlich wieder auftauchte, hatte sie schon die Polizei verständigt.
Und während er, in ein Leintuch gehüllt, abwechselnd an beiden Fenstern erschien, unterschied sie schon drei Gassen weiter über dem Geklingel der Straßenbahnen und dem gedämpften Licht der Stadt

das Hupen des Überfallautos. Denn ihre Erklärung hatte nicht sehr klar und ihre Stimme erregt geklungen. Der alte Mann lachte jetzt, sodass sich sein Gesicht in tiefe Falten legte, streifte dann mit einer vagen Gebärde darüber, wurde ernst, schien das Lachen eine Sekunde lang in der hohlen Hand zu halten und warf es dann hinüber. Erst als der Wagen schon um die Ecke bog, gelang es der Frau, sich von seinem Anblick loszureißen.

Sie kam atemlos unten an. Eine Menschenmenge hatte sich um den Polizeiwagen gesammelt. Die Polizisten waren abgesprungen und die Menge kam hinter ihnen und der Frau her. Sobald man die Leute zu verscheuchen suchte, erklärten sie einstimmig, in diesem Hause zu wohnen. Einige davon kamen bis zum letzten Stock mit. Von den Stufen beobachteten sie, wie die Männer, nachdem ihr Klopfen vergeblich blieb und die Glocke allem Anschein nach nicht funktionierte, die Tür aufbrachen. Sie arbeiteten schnell und mit einer Sicherheit, von der jeder Einbrecher lernen konnte. Auch in dem Vorraum, dessen Fenster auf den Hof sahen, zögerten sie nicht eine Sekunde. Zwei von ihnen zogen die Stiefel aus und schlichen um die Ecke. Es war inzwischen finster geworden. Sie stießen an einen Kleiderständer, gewahrten den Lichtschein am Ende des schmalen Ganges und gingen ihm nach. Die Frau schlich hinter ihnen her.

Als die Tür aufflog, stand der alte Mann, mit dem Rücken zu ihnen gewandt, noch immer am Fenster. Er hielt ein großes weißes Kissen auf dem Kopf, das er immer wieder abnahm, als bedeutete er jemandem, dass er schlafen wolle. Den Teppich, den er vom Boden genommen hatte, trug er um die Schultern. Da er schwerhörig war, wandte er sich auch nicht um, als die Männer schon knapp hinter ihm standen und die Frau über ihn hinweg in ihr eigenes finsteres Fenster sah.

Die Werkstatt unterhalb war, wie sie angenommen hatte, geschlossen. Aber in die Wohnung oberhalb musste eine neue Partei eingezogen sein. An eines der erleuchteten Fenster war ein Gitterbett geschoben, in dem aufrecht ein kleiner Knabe stand. Auch er trug sein Kissen auf dem Kopf und die Bettdecke um die Schultern. Er sprang und winkte herüber und krähte vor Jubel. Er lachte, strich mit der Hand über das Gesicht, wurde ernst und schien das Lachen eine Sekunde lang in der hohlen Hand zu halten. Dann warf er es mit aller Kraft den Wachleuten ins Gesicht.

2 **Im Mittelpunkt der Geschichte (▶ S. 9–10) stehen zwei Figuren.**
Markiere im Text, was du über sie erfährst, und beantworte die folgenden Fragen.

Wer sind die wichtigen handelnden Figuren?	Wo befinden sich diese Figuren?

3 **Erkläre, wie die Überschrift zur Geschichte passt.**
Beachte dazu den Verlauf und das offene Ende der Geschichte.

Die Überschrift „Das Fenster-Theater“ lässt eine Theatervorführung erwarten und der alte Mann veranstaltet ...

4 **Bestimme, welche der folgenden Umschreibungen das Thema des Textes am besten wiedergibt. Kreuze an.**

A ☐ eine lustige Aufführung
B ☐ moderne Kinderbetreuung
C ☐ die Einsamkeit alter Menschen in der Großstadt
D ☐ ein Missverständnis mit Folgen

5 **a** **Um über einen Text zu informieren, benötigst du einen genauen Überblick über ihn. Gliedere dazu den Text in Handlungsschritte, indem du das Absatzzeichen ⌊ einträgst.**
Tipp: Ein neuer Handlungsschritt beginnt z. B., wenn die Handlung eine Wendung erfährt, der Ort wechselt, ein Zeitsprung stattfindet oder eine neue Figur auftaucht.
b **Arbeite im Heft eine Übersicht aus. Gehe so vor:**
- **Gib zunächst für jeden Handlungsschritt die Zeilenangaben an und notiere eine treffende Überschrift.**
- **Fasse dann mit eigenen Worten knapp zusammen, was geschieht, z. B.:**

Handlungsschritt 1 (Z. 1–23): Eine Frau abends am Fenster
Frau beobachtet …
Handlungsschritt 2 (Z. 24–…): …
…

6 **Verwende die folgenden Textbausteine, um eine kurze Einleitung für die Textzusammenfassung auszuarbeiten. Schreibe sie in dein Heft.**

In der Kurzgeschichte „…“ von … aus dem Jahr … wird beschrieben, wie eine Frau …
Erst am Ende der Geschichte stellt sich heraus, dass …

7 **Gib das folgende wörtliche Zitat sinngemäß mit eigenen Worten wieder. Formuliere die Gedanken der Frau in der indirekten Rede (▶ S. 39–41). Schreibe im Präsens.**

> Der Alte öffnete und nickte herüber. Meint er mich?, dachte die Frau. Die Wohnung über ihr stand leer, und unterhalb lag eine Werkstatt, die um diese Zeit schon geschlossen war. (Z. 17–20)

Als der alte Mann zu der Frau herübernickt, ist sie nicht sicher, ob ____________

____

Sie geht davon aus, dass ____________

____

Wissen und können **Die Textzusammenfassung sprachlich gestalten**

- Schreibe **sachlich,** vermeide ausschmückende Formulierungen.
- Formuliere **mit eigenen Worten,** übernimm möglichst keine Wendungen aus dem Originaltext.
- Verdeutliche die **Zusammenhänge** der Handlung (z. B. die zeitliche Abfolge) durch **passende Satzverknüpfungen und Satzanfänge,** z. B.: *als, denn, weil, sodass, damit, nachdem, zuerst, …*
- Verwende als Zeitform das **Präsens,** bei Vorzeitigkeit das Perfekt.
- Verwende **keine wörtliche Rede.** Wichtige Äußerungen von Figuren kannst du durch andere **Formen der Redewiedergabe** (indirekte Rede, *dass*-Satz mit Indikativ, Infinitivkonstruktion; ▶ S. 41) festhalten.

8 **Der folgende Hauptteil der Textzusammenfassung zu „Das Fenster-Theater" ist nicht gut gelungen. Schreibe verbesserte Sätze in dein Heft. Nutze bei den Sätzen A bis D die rechts im Bild angebotenen Verknüpfungen und Satzanfänge. Finde für die Sätze E bis G eigene Verknüpfungen und Satzanfänge.**

A	Die Frau beobachtet am gegenüberliegenden Fenster einen Mann. Er fällt ihr durch seine Verkleidung und seltsame Gesten auf.	zu Beginn der Kurzgeschichte
B	Sie vermutet, dass er zu ihr Kontakt aufnehmen möchte.	anfangs
C	Die Frau findet das Verhalten des alten Mannes zunehmend sonderbar. Sie ruft die Polizei.	da
D	Mit vielen anderen folgt die Frau den Polizeibeamten zur Wohnungstür des Mannes, die gewaltsam aufgebrochen wird.	anschließend, schließlich
E	Der alte Mann bemerkt den Polizeieinsatz gar nicht. Er ist schwerhörig.	?
F	Die Polizisten und die Frau müssen erkennen, dass der Mann für einen kleinen Jungen Theater gespielt hat.	?
G	Er ist mit seinen Eltern in das Stockwerk über der Frau eingezogen. Sie hat dies nicht bemerkt.	?

9 **Arbeite deine bisherige Textzusammenfassung der Geschichte „Das Fenster-Theater" in deinem Heft aus.**
Tipp: Lass am rechten Rand ca. 5 cm frei. Dort kannst du später Notizen zum Überarbeiten anbringen.

10 **a Kontrolliere deine Textzusammenfassung auf richtige Rechtschreibung und Zeichensetzung.**
b Prüfe deinen Text mit Hilfe der folgenden Checkliste und notiere am Korrekturrand, was gegebenenfalls verbessert werden sollte.
c Überarbeite deinen Text mit Hilfe der am Korrekturrand angebrachten Notizen.
Tipp: Wenn du zusammen mit einem Lernpartner arbeitest, könnt ihr euch gegenseitig kontrollieren.

Checkliste

- Ist meine **Einleitung vollständig** (Art des Textes, Titel, Autor/-in, Thema des Textes)?
- Habe ich im **Hauptteil** die wichtigsten **Handlungsschritte** in der zeitlich richtigen Reihenfolge dargestellt?
- Beschränkt sich meine Darstellung auf die wesentlichen, zum Verständnis **wichtigen Informationen?**
- Werden die **Zusammenhänge** (zeitliche Abläufe, Gründe, Folgen usw.) **deutlich?**
- Habe ich den **Inhalt sachlich** und mit **eigenen Worten** zusammengefasst?
- Habe ich als Zeitform das **Präsens** (und bei Vorzeitigkeit das Perfekt) verwendet?
- Habe ich die **wörtliche Rede** durch **andere Formen der Redewiedergabe** ersetzt?

Überzeugend Argumentieren – „Lästern in sozialen Netzwerken?“

In einem Leserbrief begründet Stellung nehmen

Wissen und können | **Argumentieren – Den eigenen Standpunkt überzeugend begründen**

Beim Argumentieren versuchst du, deinen **Standpunkt (Meinung)** überzeugend zu begründen. Dafür formulierst du **verschiedene Behauptungen,** die du durch **sachliche Begründungen** stützt und durch **Beispiele veranschaulichst** bzw. erklärst:

- **Behauptung:** *Über jemanden zu lästern, ist nicht in Ordnung, ...*
- **Begründung:** *... weil man damit andere Menschen sehr verletzen kann.*
- **Beispiel:** *Zum Beispiel wurde in meiner Klasse neulich jemand als Lügner dargestellt. Viele sprachen nicht mehr mit ihm, bis er von dem Gerücht erfuhr und die Sache richtigstellen konnte.*

1 **Setze dich mit den folgenden Standpunkten zum Thema „Lästern in sozialen Netzwerken“ auseinander. Trage jeweils ein, ob du ihm zustimmst oder nicht: ✓ (= Ich stimme zu.) oder ✗ (= Ich bin anderer Meinung.)**

Merle Kärber, Traunstein

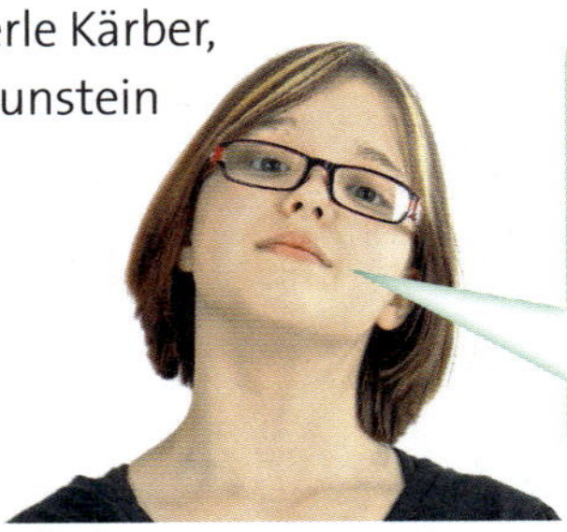

☐ *Lästern ist oft nah dran am Mobbing und das sollte auch in sozialen Netzwerken verboten werden! Denn das Opfer muss oft lange Zeit unter den Anfeindungen leiden. Bei uns auf dem Schulhof wird schon genug gelästert und man merkt, wie gemein das ist.*

Nele Vennry, Fürth

☐ *Lästern in sozialen Netzwerken ist feige und unfair. Oder geht es zum Beispiel irgendjemanden etwas an, ob man gerade ein Kilo zugenommen hat oder nicht? Es ist nicht dasselbe, ob so etwas auf dem Schulhof oder im Internet herumgeht, da es im Netz sehr viel mehr Leute mitbekommen. Für mich ist das Lästern in sozialen Netzwerken nichts anderes als Mobbing.*

☐ *Ich finde Ablästern im Chat gut. Wenn jemand einen beispielsweise den ganzen Tag nervt, dann will man doch einfach mal bei anderen Dampf ablassen. Das ist doch okay!*

Mirko Klemens, Burghausen

Samuel Rabe, Augsburg

☐ *Man sollte das Lästern in den sozialen Netzwerken verbieten. Wenn man motzen will, dann im Freundeskreis, denn im Internet kann man solche Sachen kaum mehr löschen. Stell dir mal vor, du lästerst fröhlich über jemanden und nachher triffst du ihn und findest ihn ganz nett. Wäre doch schrecklich!*

Theresie Suhr, Schongau

☐ *Die Accounts von jemandem, der lästert, zu blockieren, das geht gar nicht! Das wäre Internet-Zensur und gehört daher in einem Rechtsstaat wie Deutschland verboten. Wenn man solche Beiträge blockiert, hilft man dem Opfer nicht, sondern duckt sich nur weg, da der Betroffene nämlich einfach weitergemobbt wird, zum Beispiel in einem anderen Netzwerk.*

2 **a** Worüber äußern sich die Jugendlichen auf Seite 13? Gib das Thema als Frage mit eigenen Worten wieder.
b Unterstreiche in den Diskussionsbeiträgen Behauptungen schwarz, Begründungen grün und Beispiele blau.
Tipp: In manchen Beiträgen kannst du mehr als eine Behauptung und ein Beispiel finden.
c Trage die Begründungen mit eigenen Worten in die folgende Tabelle ein.

Das Thema als Frage: ______________________________

Begründungen	
pro (dafür)	kontra (dagegen)

3 **Nele (► S. 13) ist der Meinung, dass das Lästern in sozialen Netzwerken bzw. im Internet „feige" und „unfair" ist. Eine unmittelbare Begründung gibt sie nicht.**
a **Kreuze je eine Begründung an, die Neles Standpunkt deiner Ansicht nach am besten stützt.**

In sozialen Netzwerken bzw. im Internet zu lästern ist **feige,** ...

A ☐ ... weil man sich so zumeist an Schwächeren vergreift.
B ☐ ... denn die Lästermäuler bilden schnell eine Mehrheit.
C ☐ ... da man sich im Netz nicht persönlich gegenübersteht.

In sozialen Netzwerken bzw. im Internet zu lästern ist **unfair,** ...

D ☐ ... denn es gibt keine Regeln, an die man sich halten muss.
E ☐ ... weil meistens mehrere Menschen gegen einen Einzelnen wettern.
F ☐ ... da eine Person hier völlig einseitig nur schlechtgemacht wird.

b **Veranschauliche beide ausgewählten Begründungen mit je einem Beispiel.**

Beispiel zu der Begründung „feige": ______________________________

____

Beispiel zu der Begründung „unfair": ______________________________

____

Wissen und können **Argumentieren – In einem Leserbrief begründet Stellung nehmen**

In einem Leserbrief nimmst du **persönlich Stellung zu einem Thema** oder zu einem bestimmten Artikel aus einer Zeitung oder einer Zeitschrift. **Aufbau:**

- **Betreffzeile:** Nenne knapp das Thema, z. B.: *Wie soll mit Lästerern in sozialen Netzwerken umgegangen werden?*, oder den konkreten Zeitungsartikel, z. B.: *L. Baus: „Lästern im Internet“, v. 27. 3. 20.*.
- **Anrede:** Beginne mit der Anrede, danach folgt ein Komma, z. B.: *Sehr geehrte Redaktion, ...*
- **Einleitung:** Stelle knapp den **Anlass** deines Leserbriefs dar (Weshalb schreibst du?) und leite zum Hauptteil über. Nenne z. B. **kurz** deinen **Standpunkt zum Thema,** bevor du ihn weiter ausführst.
- **Hauptteil:** Formuliere zu deiner Position deine **Argumente** (Behauptungen, Begründungen, Beispiele).
  - Deine Argumentation wird überzeugender, wenn du auf die Anordnung der Argumente achtest. So kann z. B. das erste oder das letzte Argument besonders schlagkräftig sein.
  - Mögliche Einwände (Gegenargumente) kannst du nennen, um sie zu entkräften.
- **Schluss:** Fasse deinen **Standpunkt zusammen** oder formuliere einen **Vorschlag** für die Zukunft.
- **Gruß:** Schließe mit einer Grußformel *(Mit freundlichen Grüßen)* und deiner Unterschrift.

4 **Die Zeitschrift „jugend-zeit-für-uns“ hat bereits mehrere Beiträge dazu veröffentlicht, wie mit Lästerern in sozialen Netzwerken umgegangen werden sollte. Beteilige dich an der Diskussion: Bereite schrittweise einen Leserbrief vor.**

a **Schritt 1: Kreuze an, welche Position du vertreten willst.**

In meinem Leserbrief argumentiere ich ...

☐ **dafür,** das Lästern zu verbieten (pro), ☐ **dagegen,** das Lästern zu unterbinden (kontra).

b **Schritt 2: Liste in folgender Tabelle knapp die Behauptungen und Begründungen auf, die du anführen willst. Du kannst auf Formulierungen von Seite 13 bis 14 zurückgreifen oder weitere eigene Argumente finden.**

c **Schritt 3: Finde zu jeder deiner Begründungen ein anschauliches Beispiel und trage es in die Tabelle ein.**

Meine Behauptungen:	Meine Begründungen:	Meine Beispiele:
(1)	*(1)*	*(1)*
(2)	*(2)*	*(2)*

d **Schritt 4: Schreibe einen Einwand auf, der gegen deine Meinung erhoben werden könnte.**

____

e **Entkräfte diesen Einwand. Nutze die folgenden Formulierungshilfen:**

Sicherlich kann man einwenden, dass ... / Dennoch habe ich die Erfahrung gemacht, dass ...
Obwohl ... denken, dass ... / Man muss berücksichtigen, dass ...
Es ist schon richtig, dass ... / Es darf aber nicht übersehen werden, dass ...

____

____

____

____

5 Schreibe den zusammenhängenden Leserbrief. Du kannst auch in dein Heft schreiben.
Tipp: Orientiere dich an der folgenden Gliederung und dem „Wissen und können“ auf Seite 15.
Verwende die Argumente (Behauptungen, Begründungen, Beispiele), die du in Aufgabe 4 vorbereitet hast.

Betreffzeile	*Wie soll mit Lästerern in sozialen Netzwerken umgegangen werden?*
Anrede	*Sehr geehrte Redaktion,*
Einleitung: Thema/Frage (Überleitung zum Hauptteil)	*mit Interesse verfolge ich die Diskussion darüber, wie ...*
Hauptteil: Standpunkt	
Zwei bis drei Argumente (Behauptungen, Begründungen, Beispiele)	
evtl. Einwand entkräften	
Schluss: Zusammenfassung, Vorschlag, Wunsch	
Gruß	
Unterschrift	

6 ●●● Im Internet gibt es auch für Jugendliche viele Foren, in denen die Leser ihre Meinung äußern und begründen, z. B. auf der Seite „HanisauLand“, der Jugendseite der Bundeszentrale für politische Bildung.

a Rufe im Internet diese Seite auf und lies einige der unter der Rubrik „Post“ eingestellten Beiträge.

b Benenne die Unterschiede zwischen einem gedruckten Leserbrief und einem Beitrag in diesem Internet-forum. Übertrage dazu die folgende Tabelle in dein Heft.

Merkmale eines Leserbriefs	Merkmale eines Beitrags in einem Internet-Forum
...	*... am Anfang keine Anrede, ...*

Stimmungen schildern – Auf Bootstour

Wissen und können | **Anschaulich und lebendig erzählen**

- **Schildern** heißt, eine **Stimmung** oder eine **Situation** mit Worten **anschaulich und lebendig auszumalen.** Schilderungen sind **handlungsarm** und geben **Wahrnehmungen, Sinneseindrücke** (sehen, hören, fühlen, riechen, schmecken) sowie **persönliche Gedanken und Empfindungen** wieder. Sie beruhen auf genauen Beobachtungen.
- **Sprachliche Gestaltungsmittel** für eine anschauliche Schilderung sind:
  - **anschauliche Adjektive** und **Partizipien,** z. B.: *idyllisch, verträumt, geruhsam, behaglich,*
  - **ausdrucksstarke Verben,** z. B.: *fließen, strömen, kräuseln, wirbeln,*
  - sprachliche Bilder wie **Vergleiche, Metaphern** und **Personifikationen.**

1 a **Lies den folgenden Schülertext. Notiere im Heft, wie sich die Mädchen während der Kanufahrt gefühlt haben.**
b **Sammle im Heft möglichst viele Adjektive/Partizipien, die zu dieser Stimmung passen.**

Durch Bayrisch-Kanada

Es glitzert und funkelt. Das Perlenlicht der Sonne blendet die Augen. Gleichzeitig wiegt sich unser Boot sanft in der Strömung, als lägen wir auf einem Wasserbett. Und aus Wasser ist er ja auch, der Untergrund, auf dem wir uns bewegen. Zusammen mit zwei Freundinnen paddle ich auf dem Schwarzen Regen Richtung Teisnach.

Begonnen haben wir unsere Tour vor ein paar Stunden in Zwiesel. Mit mulmigen Gefühlen haben wir das schwankende Gefährt, ein offenes knallrotes Kanu, bestiegen und die ersten Paddelversuche unternommen. Auf unsere unbeholfenen Bemühungen, mit dem Stechpaddel vorwärtszukommen, hat das Boot zunächst bockig reagiert wie ein störrischer Esel. Nach ein paar Kilometern jedoch sind wir allmählich in Übung gekommen und unser Kanu hat uns schließlich brav und verlässlich gehorcht. Emma hat inzwischen das Steuern übernommen und hält uns mit Kommandos wie „Jetzt mal nicht paddeln!" oder „Alle links paddeln!" auf Kurs. Der Fluss hat uns mit seiner sanften Strömung in die Arme genommen und wir sind durch das idyllisch abgelegene Tal inmitten uriger Fichtenwälder langsam Richtung Regen geglitten. Nachdem wir die Stadt hinter uns gelassen haben, wird die Strömung etwas flotter und wir passieren große Granitblöcke, die wie Inseln im glasklaren Wasser liegen. Nun fühlen wir uns wie drei Abenteurerinnen auf großer Fahrt durch die Rocky Mountains. Statt Bären oder Schneeziegen entdecken wir Stockenten und Fischreiher. An den seichten Stellen strecken Wasseralgen ihre langen Finger nach uns aus. Wie bunte Hubschrauber huschen Libellen über die Wasseroberfläche.

Am liebsten würden wir uns immer so treiben lassen ...

Der Schwarze Regen – Quellfluss des Regen in Niederbayern

Wissen und können **Sprachliche Bilder – Vergleich, Metapher, Personifikation**

- **Der Vergleich: Zwei verschiedene Vorstellungen** werden durch *wie* oder *als (ob)* miteinander **verknüpft,** z. B.: *Das Kanu tanzt* ***wie*** *eine Nussschale auf den Wellen.* Oder: *Das Kanu tanzt so anmutig auf den Wellen,* ***als ob*** *es eine kleine Meerjungfrau wäre.*
- **Die Metapher:** Ein **Wort oder Ausdruck wird nicht wörtlich, sondern in einer übertragenen Bedeutung** bildhaft verwendet, z. B.: ***Nussschale*** für *Kanu* → *Unsere* ***Nussschale*** *tanzt auf den Wellen.* Im Unterschied zu einem Vergleich **fehlt das Vergleichswort** *wie* oder *als (ob).*
- **Die Personifikation (Vermenschlichung)** ist eine besondere Form der Metapher. Gegenstände, Begriffe oder die Natur werden vermenschlicht, d. h. ihnen werden menschliche Verhaltensweisen und Eigenschaften zugesprochen, z. B.: *Der* ***Fluss hat uns*** *mit seiner sanften Strömung* ***in die Arme genommen.***

2 a **Unterstreiche im Text auf Seite 17 die Vergleiche, umrahme die Metaphern und unterringle die Personifikationen.**

b **Stelle dir einen plötzlichen Wetterumschwung auf dieser Paddeltour vor und schreibe passende sprachliche Bilder dafür auf. Lass dich vom folgenden Wortspeicher anregen oder finde eigene Formulierungen.**

Blitz • Donner • Wellen • Regen • Sturm • Böen • Sintflut • Rodeo • Achterbahn • heftiger Atem • kalte Dusche • Keuchen einer Dampflock • Schreckschüsse • Schlaglöcher • Nussschale • finster • dunkel • eisig • heftig • hoch • nieder • blasen • peitschen • prasseln • klatschen • schütten • prusten • krachen • schlagen • einschüchtern • jagen • verschlingen • kämpfen • auf jemanden eindreschen

Vergleiche: es schüttet wie aus Eimern, ...

Metaphern: aufleuchtende Himmelsadern, ...

Personifikationen: die Welle verschlingt uns, ...

c **Nenne mögliche Gefühle und Empfindungen bei einem solchen Wetterumschwung.**

3 a **Schildere mit Hilfe der in Aufgabe 2 gefundenen Formulierungen, wie sich die Situation der Mädchen (► S. 17) verändert hat. Veranschauliche die Gefühle der Erzählerin. Schreibe in dein Heft.**

b **Überarbeite deine Fortsetzung nach dem ESAU-Verfahren.**

Wissen und können **Texte überarbeiten – Das ESAU-Verfahren**

- **Ergänzen:** fehlende Wörter, Sätze, Gedanken oder Abschnitte ergänzen.
- **Streichen:** überflüssige Wörter, Sätze, Gedanken oder Abschnitte streichen.
- **Austauschen:** unpassende Wörter, Sätze, Gedanken oder Abschnitte durch treffendere ersetzen.
- **Umstellen:** Satzbau abwechslungsreicher gestalten, unstimmige Reihenfolge von Wörtern, Satzgliedern, Sätzen, Gedanken und Abschnitten umstellen (verschieben).

Teste dich!

Informieren, Argumentieren und Erzählen unterscheiden

1 **Mit Texten werden unterschiedliche Absichten verfolgt.**
Verbinde die Satzbausteine mit Linien. (insgesamt 3 Punkte)

A Erzählende Texte ...	1 ... sollen die Leser von einer Meinung überzeugen.
B Argumentierende Texte ...	2 ... sollen den Lesern Sachverhalte möglichst sachlich darlegen.
C Informierende Texte ...	3 ... sollen die Leser vor allem unterhalten.

2 **Im folgenden informierenden Text sind fünf unpassende Formulierungen unterstrichen, die nicht zu seiner sachlichen Sprache passen. Notiere, was anders formuliert werden sollte. Schreibe wenn nötig in dein Heft. (5 Punkte)**

Der Nationalpark Berchtesgaden wurde 1978 gegründet. „Er ist ein Juwel!", beteuert ein Nationalpark-Ranger. Überragt wird der Park vom ehrfurchtgebietenden Watzmann, der den Menschen manchmal zürnt und Felslawinen ins Wimbachtal schleudert. Dort ist daher der längste Schuttstrom Europas zu finden. Das Gebiet um den Berg Watzmann und seinen Nachbarn, den Hochkalter, ist aber auch der Lebensraum vieler seltener Tiere und Pflanzen. Im Frühling kann der Wanderer durch herrlich duftende Bergwiesen marschieren und dem lustigen Gluckern der Bäche lauschen. Zweifelsohne sollte der Staat den Nationalpark also auch weiterhin finanziell unterstützen!

Vermeide wörtliche Rede und bildliches Sprechen.

3 **a** **Unterstreiche im Text unten die erzählende Passage und unterringle die argumentierenden Textteile. (2 Punkte)**
b **Bestimme die einzelnen Sätze genauer, indem du die entsprechende Ziffer aus dem Kasten rechts in die Klammer hinter dem Satz einträgst. (8 Punkte)**

Morgens, 5:00 Uhr – es ist still in den Donauauen um Ingolstadt (3). Die Welt scheint wie in einem Märchenschlaf versunken zu sein (____). Nebelgespenster schweben über den Fluss (____). Plötzlich raschelt es im Dickicht und gleich darauf ist ein leises Plätschern zu hören (____). Der gewitzte Eisvogel ist also bereits auf Beutefang (____). Das muss man schützen (____)! Wie viele andere Flüsse hat es auch die Donau verdient, dass man sich um sie kümmert (____). Schließlich leben in und an der Donau neben dem Eisvogel noch viele weitere bedrohte Arten (____). Einige davon, zum Beispiel der Huchen, ein bis zu 120 cm groß werdender Fisch, leben sogar ausschließlich in diesem Fluss (____).

1 Behauptung
2 Personifikation
3 ausschmückende Hinführung
4 Beispiel
5 Vergleich
6 Standpunkt
7 Metapher
8 Begründung
9 schildernde Passage

4 **a** **Zähle die Punkte, die du erreicht hast, mit Hilfe des Lösungsheftes zusammen (▶ S. 7).**
b **Übe erneut mit Hilfe der Seiten 4 bis 18, wenn du weniger als 12 Punkte erreicht hast.**

Einen Sachtext lesen und verstehen – Eine neue Sportart

Die Fünf-Schritt-Lesemethode anwenden

Wissen und können **Die Fünf-Schritt-Lesemethode**

1. Schritt – Einen Überblick gewinnen: Lies nur die Überschrift (evtl. Zwischenüberschriften) und die ersten drei bis fünf Zeilen des Textes. Betrachte die Abbildungen, sofern welche vorhanden sind.
2. Schritt – Den Text zügig lesen: Lies den gesamten Text zügig durch. Kreise dir unbekannte Wörter ein. Mache dir klar, was das Thema des Textes ist und was du evtl. schon darüber weißt.
3. Schritt – Unbekannte Wörter und Textstellen klären: Kläre unbekannte Wörter und Textstellen aus dem Textzusammenhang oder durch Nachschlagen im Wörterbuch.
4. Schritt – Den Text sorgfältig lesen und bearbeiten: Lies den Text ein zweites Mal in aller Ruhe und markiere Schlüsselwörter (Wörter mit den wichtigsten Informationen) farbig. Gliedere den Text in Sinnabschnitte. Finde für die Sinnabschnitte Zwischenüberschriften.
5. Schritt – Informationen zusammenfassen: Fasse die wichtigsten Informationen des Textes je Sinnabschnitt in Stichworten oder wenigen Sätzen zusammen.

1. Schritt – Einen Überblick gewinnen

1 **Lies die Überschrift und überfliege den Anfang des folgenden Sachtextes (die ersten drei bis fünf Zeilen). Betrachte auch die Abbildung auf Seite 21. Benenne, was sie darstellt. Mache dir klar, was du möglicherweise schon über das Thema weißt.**

2. Schritt – Den Text zügig lesen

2 a **Lies den folgenden Text über die Sportart Parkour zügig durch. Kreise dir unbekannte Wörter ein.**
Tipp: Halte dich nicht lange mit Einzelheiten auf, die dir noch unverständlich sind.
b **Arbeite nach dem ersten Lesen das Thema des Textes heraus, indem du notierst, worum es geht.**

Martin Conrad

Neue Sportart Parkour – ein akrobatischer Hindernislauf

Seine Augen suchen verzweifelt nach einem Ausweg. In einer scheinbar aussichtslosen Position balanciert der Schurke Malloka am Ende des Kranarms. Doch mit katzenhafter Eleganz fliegt er in einem Doppelsprung auf das nächste Hausdach, um James Bond, dem Agenten Ihrer Majestät, zu entkommen. Im Bond-Film „Casino Royale“ wirken die Darbietungen von Sébastien Foucan, der Mollaka spielt, als könne er die Gesetze der Schwerkraft überwinden. Doch Foucan ist nur Miterfinder einer neuen Sportart, des „Parkour“. Dabei geht es darum, in gradliniger, fließender Bewegung Hindernisse wie Zäune, Mauern und Abgründe zu überwinden, die der normale Läufer in der Stadt umgehen muss. Entwickelt hat sich diese akrobatische Form der Fortbewegung in den Betonwüsten der französischen Satellitenstädte, welche den Anhängern von Parkour ein hervorragendes Übungsgelände bieten.

Bei Jugendlichen – besonders bei Jungen – liegt die extreme Form des Hindernislaufs zurzeit voll im

Trend, weil sie ähnlich wie Skaten zum Bestandteil der Jugendkultur geworden ist. Dutzende von Spielfilmen, Musikvideos und Werbeclips enthalten mittlerweile Stunt- und Akrobatikszenen im Stil von Parkour. Und so kann man in praktisch allen deutschen Großstädten Clubs und Gruppen finden, die sich der Vermittlung der neuen Sportart widmen.

Bevor man wie Sébastien Foucan gradlinig über städtische Hindernisse hechten kann, steht hartes Training auf dem Programm. Die künftigen Traceure – so nennen sich die Parkourläufer selbst – müssen zunächst die Grundlagen des Sports sicher beherrschen, um Verletzungen bei Sprüngen und Landungen zu vermeiden. Deshalb hat sich der Hamburger Schüler Richard an diesem Wochenende zu einem Parkourworkshop in der Hansestadt angemeldet. In einer alten Fabrikhalle haben die Veranstalter eine künstliche Landschaft aus typischen Parkour-Hindernissen aufgebaut. Die Mauern, Treppen und Geländer aus aufgerauter Spanplatte sind nicht nur weicher als Beton, sie lassen sich auch leicht zu immer neuen Hindernissen zusammenstellen.

Zunächst erklären die Trainer die Grundideen von Parkour: Es geht darum, sich in der Stadt quasi auf der Luftlinie von A nach B zu bewegen. Zur Überwindung von Hindernissen muss der Traceur dazu horizontale Energie, die Laufgeschwindigkeit, in vertikale Energie, die Sprungenergie, umwandeln. Springt der Läufer von Hindernissen in die Tiefe, fängt er die Fallgeschwindigkeit durch geschicktes Abfedern und Abrollen über die Schulter ab.

Dann führen die Profis einige Basistechniken vor: Katzensprung, Hochziehen an der Mauer, Präzisionssprung und Abrollen. Schließlich sind die Neueinsteiger an der Reihe. Richard lernt schnell, aus dem Anlauf genau auf eine Linie zu springen, die der Trainer auf dem Boden markiert hat. Die nächste Übung gestaltet sich deutlich schwieriger, denn die Teilnehmer sollen mit Anlauf sicher auf die dritte Stufe eines Treppenhindernisses springen. Was auf der ersten Stufe noch gut klappt, sieht auf der höchsten zunächst noch ziemlich wacklig aus. Die meisten Teilnehmer rutschen ab oder müssen die Hände zur Hilfe nehmen. Doch nach einer halben Stunde gelingt es schließlich allen, die enge Landefläche präzise zu treffen und stehend die Balance zu halten. Richard ist begeistert. Er will nach dem Workshop auf jeden Fall mit Parkour weitermachen.

Für seinen Trainer Marc hat sich Parkour schon zu einer echten Nebenbeschäftigung entwickelt. Der Abiturient ist seit nunmehr vier Jahren dabei. Er gibt nicht nur Kurse für Anfänger und Fortgeschrittene, sondern nimmt auch regelmäßig an Wettbewerben im Freerunning teil. Dabei handelt es sich um die Wettkampfvariante von Parkour. Vor Kurzem schaffte es Marc sogar auf die Bühne: Er zeigte im Rahmen eines Jugendmusicals waghalsige Kunststücke zu Hip-Hop-Musik. Die Zukunft seiner Sportart sieht er rosig: „Parkour ist voll im Trend. Wenn das so weitergeht, wechseln demnächst alle Skater zu uns“, meint der Neunzehnjährige stolz.

Wissen und können | **Unbekannte Wörter klären**

- Die Bedeutung **unbekannter Wörter** kannst du meist aus dem **Textzusammenhang** klären.
- Zerlege **Wortzusammensetzungen** und suche nach dem Grundwort, z. B.: *Kranarm = Kran + Arm.*
- Falls du immer noch **Zweifel** hast, **schlage** in einem **Lexikon oder Wörterbuch nach.**

3. Schritt – Unbekannte Wörter und Textstellen klären

3 a **Kläre die Bedeutung des Wortes „Satellitenstädte“ (Z. 17 f.). Ergänze die folgenden Zeilen.**

	Bedeutung
Satellit	*Himmelskörper oder Flugkörper, der*
	Der Mond ist ein Satellit der
Stadt	*größere, geschlossene*
Satellitenstadt	*Eine Satellitenstadt ist eine*

b **Kläre die Bedeutung dir unbekannter Wörter und schwer verständlicher Stellen im Text auf den Seiten 20 und 21. Schreibe sie mit Erläuterung in dein Heft.**
Tipp: Es ist nicht notwendig, wirklich jedes Wort zu kennen. Prüfe, ob du den Satz auch ohne das Wort verstehst.

4. Schritt – Den Text sorgfältig lesen und bearbeiten

4 **Lies den Text ein zweites Mal gründlich und bearbeite ihn wie folgt:**
a **Im ersten Textabschnitt (Z. 1–19) sind die ersten Schlüsselwörter hervorgehoben.**
Markiere in diesem Abschnitt weitere Schlüsselwörter, die die wichtigsten Informationen enthalten.
b **Markiere die Schlüsselwörter im gesamten Text.**

5 **Der Text „Neue Sportart Parkour“ (▸ S. 20–21) ist bereits in Sinnabschnitte unterteilt. Wähle für jeden Sinnabschnitt eine der folgenden Zwischenüberschriften passend aus. Schreibe diese in die Leerzeile im Text.**
Vorsicht: Zwei Zwischenüberschriften passen nicht.

Präzise Landung auf der Linie

Ein Ausflug in die Vorstädte

Ein spektakulärer Stunt

Schule für Traceure

Skater auf Spanplatten

Bühnenreife Könner

Neue Trendsportart

Wissen und können | **Schlüsselwörter erkennen und nutzen**

- **Schlüsselwörter** enthalten die **wichtigsten Informationen eines Textabschnitts.** Wenn du **W-Fragen** an den Text stellst, kannst du sie **mit den Schlüsselwörtern beantworten,** z. B.: *Wer? Was? Wo? Wann? Wie?*
- Wenn du später nur die markierten Wörter überfliegst, weißt du sofort wieder, wovon der Text handelt.

Wissen und können **Informationen übersichtlich festhalten**

- Die Informationen eines Sachtextes kannst du z. B. **übersichtlich** in Gestalt einer **Mind-Map** oder in einer **Stichwortliste** erfassen.
- In einer Stichwortliste hältst du die Informationen des Textes mit **eigenen Worten** und in der **Reihenfolge** fest, **in der sie im Text vorkommen.**

Tipp: Die Schlüsselwörter, die du im Text markiert hast, helfen dir, die Informationen zusammenzufassen.

6 **Fülle die folgende Inhaltsübersicht aus: Notiere für jeden Sinnabschnitt die Zwischenüberschrift und gib die Informationen stichwortartig wieder.**

Sinnabschnitt 1: ____________________

____

Sinnabschnitt 2: ____________________

____

Sinnabschnitt 3: ____________________

____

Sinnabschnitt 4: ____________________

____

Sinnabschnitt 5: ____________________

____

5. Schritt – Informationen mit eigenen Worten zusammenfassen

7 a **Vervollständige im Heft den folgenden Einleitungssatz:**

In dem Text „ ? “ informiert ? über ? .

b **Ergänze im Heft sinnvoll die nachstehende Zusammenfassung des ersten Sinnabschnitts. Nutze die folgenden Wortbausteine.**

akrobatische Weise • einem Bond-Film • Hindernisse • Sébastien Foucan • ~~eine neue Sportart~~

Parkour ist *eine neue Sportart*. Sie wurde in Frankreich unter anderem von ? entwickelt, der auch in einer Actionszene in ? aufgetreten ist. Die Sportlerinnen und Sportler nehmen den kürzesten geraden Weg durch eine Stadt und überwinden ? auf ? .

c **Fasse auch die Sinnabschnitte 2 bis 5 im Heft zusammen. Nutze dein Vorarbeiten zu Aufgabe 6.**
Tipp: Orientiere dich am 5. Schritt, Aufgabe 7 b.

Grafiken und Diagramme auswerten

Wissen und können **Grafiken verstehen und auswerten**

Eine **Grafik** kann **Zahlen** (z. B. Größenverhältnisse), **Orts- bzw. Lageangaben** (z. B. Landkarten) oder den **Aufbau** und die **Funktionsweise** von Gegenständen (z. B. Maschinen) **anschaulich darstellen.**
Bei der **Auswertung** einer Grafik gehst du am besten so vor:
1. Stelle fest, worum es in der Grafik (Thema, Überschrift) geht und wie die Informationen dargestellt werden. Verdeutlicht sie einen **Vorgang,** den **Aufbau,** den **Zweck** oder die **Lage** von etwas?
2. Beschreibe genau, welche Informationen die Grafik zum Thema enthält.
Tipp: Prüfe, ob Beschriftungen, Symbole oder farbige Markierungen in einer Legende erklärt werden.
3. Erkläre besonders wichtige Informationen. Prüfe, ob du aus ihnen **Schlussfolgerungen** ziehen kannst.

Grafik

Parkourtechniken

Bezeichnung französisch	Bezeichnung deutsch	Ablauf
Franchissement	Durchbruch	durch Lücken schwingen (z. B. Fenster, Stangen)
Passe muraille	Mauersprung	Mauern anspringen und aus hängender Position hocharbeiten
Tic Tac	Tic Tac	sich mit Beinen von Objekten (z. B. Wänden) abstoßen
Saut de chat	Katzensprung	Hocksprung über Objekte, Beine zwischen Armen hindurchführen

Tabelle

1 a **Ordne die Parkourtechniken in der Tabelle rechts den Nummern in der Grafik links zu. Wähle die deutschen oder die französischen Begriffe.**

1 ____________________ 2 ____________________

3 ____________________ 4 ____________________

b **Halte in einem Satz fest, worüber die Grafik und die Tabelle gemeinsam informieren.**

____

____

2 **Befasse dich näher mit den dargestellten Informationen. Beschreibe im Heft mit Hilfe der Grafik und der Tabelle genau, wie der sogenannte Tic Tac funktioniert.**

3 **Ziehe mit Hilfe der Grafik und der Tabelle Schlussfolgerungen, indem du im Heft erklärst, weshalb die Sportart „Parkour" sehr große Körperbeherrschung verlangt.**

4 ●●● **Begründe (▸ S. 13) im Heft anhand deiner Schlussfolgerung zu Aufgabe 3 die folgende Diskussionsfrage: Sollten die Parkourtechniken zum festen Übungsprogramm im Schulsportunterricht gehören?**

Wissen und können | **Diagramme verstehen und auswerten**

Ein **Diagramm** ist eine **bildliche Darstellung von Daten und Informationen.** Die häufigsten Arten von Diagrammen sind: **Säulendiagramm, Balkendiagramm, Kurvendiagramm** und **Kreisdiagramm.**

1. **Schau** dir das Diagramm genau **an. Lies** die **Überschrift** und die **übrigen Angaben und Erklärungen.**
2. **Stelle fest,** worüber das Diagramm informiert. Welche Maßeinheiten werden verwendet, z. B. *Prozentzahlen* (%), *Maße* (m, cm), *Gewichte* (kg) oder *Jahreszahlen?*
3. **Vergleiche** die **Angaben miteinander** (höchster und niedrigster Wert, gleiche Werte).
4. **Fasse zusammen,** was im Diagramm gezeigt wird. Was lässt sich ablesen?

5 a **Das folgende Balkendiagramm zeigt das Ergebnis einer Umfrage. Betrachte die Diagramme genau: Beachte dabei Überschrift, weitere Angaben und Erläuterungen.**

Trendsport an der Schule

An einem Fürther Gymnasium wurden alle Schülerinnen und Schüler der Mittelstufe befragt, welche Trendsport-AG mit professionellen Trainern an der Schule eingeführt werden soll.

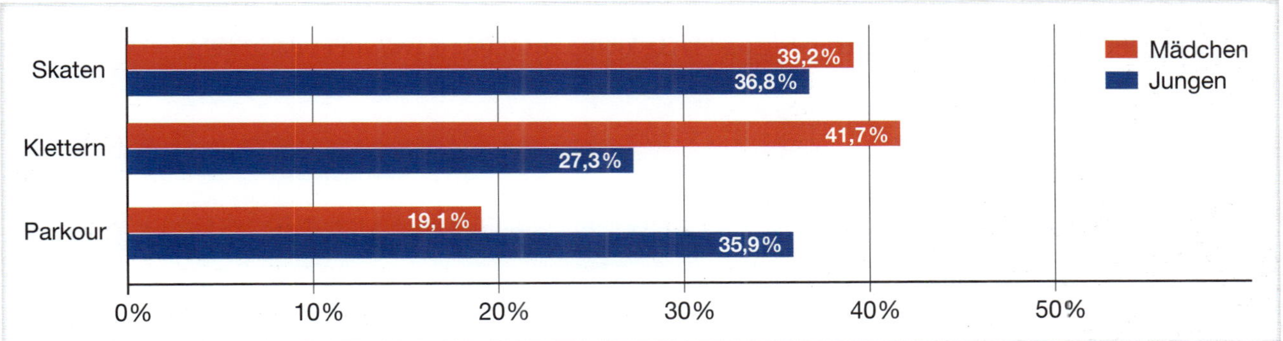

b **Werte die Informationen des Diagramms aus und beantworte die folgenden Fragen.**

A Bei wem ist Klettern am beliebtesten?

____

B Wo gibt es den größten Unterschied zwischen Jungen und Mädchen?

____

●●● c **Begründe, für welche Trendsport-AG sich die Schule wohl entscheiden wird.**

____

____

6 **Die Grafik und die Tabelle (▶ S. 24) sowie das Diagramm oben ergänzen Informationen zum Sachtext „Neue Sportart Parkour" (▶ S. 20–21). Trage ein, welche Textstellen sie durch welche Informationen ergänzen.**

Die Grafik und die Tabelle ergänzen die Textstelle Z. 56 bis Z. ____, weil ____________________

____

Das Balkendiagramm ergänzt die Textstelle Z. ____ bis Z. ____, weil ____________________

______________________________.

Eine Ballade untersuchen und vortragen – Joseph von Eichendorffs „Der Schatzgräber"

Wissen und können **Die Ballade**

- Die Ballade ist meist ein **längeres Gedicht,** das von einem **ungewöhnlichen oder spannenden Ereignis** erzählt. Im Mittelpunkt der Ballade steht oft eine Figur, die eine gefahrvolle Situation meistern muss.
- **Merkmale von Balladen:**
  - Balladen haben mit vielen anderen Gedichten gemeinsam, dass sie meist in **Strophen** gegliedert sind und eine **Reimform** sowie ein bestimmtes **Metrum** besitzen.
  - Die Handlung von Balladen verläuft oft **sprunghaft** und spitzt sich in einem **Spannungsbogen** nach einer Einleitung häufig **dramatisch** auf einen Höhepunkt hin zu, zum Schluss folgt die Auflösung.
  - Balladen enthalten oft – wie Theaterstücke – **wörtliche Reden** der Figuren (Monologe, Dialoge).
- Die Ballade enthält damit **Gattungselemente** aus der **Lyrik** (Metrum, Strophe, Reim), der **Epik** (eine Geschichte wird erzählt) und der **Dramatik** (dramatischer Handlungsverlauf, Dialoge und Monologe).

1 **Lies die folgende Ballade mehrmals sorgfältig und fasse knapp zusammen, worum es darin geht. Beachte auch ihren Titel.**

____

____

____

Joseph von Eichendorff (1788–1857)

Der Schatzgräber (1834)

	Reimform
Wenn alle Wälder schliefen,	a
Er an zu graben hub,	b
Rastlos in Berges Tiefen	a
Nach einem Schatz er grub.	____
Die Engel Gottes sangen	____
Derweil in stiller Nacht,	____
Wie rote Augen drangen	____
Metalle aus dem Schacht.	____

	Reimform
„Und wirst doch mein!", und grimmer	____
Wühlt er und wühlt hinab,	____
Da stürzen Steine und Trümmer	____
Über dem Narren herab.	____
Hohnlachen wild erschallte	____
Aus der verfallnen Kluft,	____
Der Engelgesang verhallte	____
Wehmütig in der Luft.	____

Spannungsbogen

Schatzsucher
beginnt zu
graben

2 **Zeichne im Kasten oben den Spannungsbogen auf. Notiere ergänzend Stichworte zur Handlung.**

3 **Erkläre in deinem Heft kurz, warum Joseph von Eichendorffs „Der Schatzgräber" eine Ballade ist.**
●●● **Tipp: Nutze das „Wissen und können" zur Ballade.**

Wissen und können **Ein Gedicht / Eine Ballade verstehen und sinnbetont vortragen**

Eine Ballade oder ein Gedicht sinnbetont vorzutragen, bedeutet immer, den Text zu interpretieren, also das eigene Textverständnis zum Ausdruck zu bringen. **Ein gelungener Vortrag erfordert ein genaues Verständnis** des Gedichts bzw. der Ballade:

1 Inhalt, Thema und Aufbau
- Worum geht es in dem lyrischen Text? Wird eine **Handlung,** eine **Situation/Szene** beschrieben? Werden **Gefühle, Gedanken** oder eine **Stimmung** dargestellt? Gibt es **Brüche** oder **Wendungen?**
- Was **bedeutet** der **Titel?** Welchen Bezug hat er zum Gedichttext/Thema?

2 Sprechsituation (lyrischer Sprecher)
- Ist **eine Sprecherin / ein Sprecher** (ein lyrischer Sprecher) erkennbar?
- Gibt es **eine Adressatin / einen Adressaten?**

3 Formaler Aufbau (Strophe, Vers, Reimform, Metrum)
- **Strophen und Verse: Wie viele Strophen** hat der lyrische Text? Sind **alle gleich** gebaut? Wo und warum gibt es **Abweichungen?** Werden einzelne Strophen oder Verse wiederholt **(Refrain)?**
- **Reim:** Ist das Gedicht gereimt? Welche **Reimform** liegt vor (Paarreim: aa bb, Kreuzreim: abab, umarmender Reim: a bb a)? Welche **Wirkung** erzielt der Reim?
- **Metrum:** Lässt sich ein **Metrum erkennen** (z. B. Jambus, Trochäus, Daktylus)? Welche **Wirkung** wird erzielt? Wo und warum gibt es **Abweichungen?**

4 Sprachliche Gestaltung
- **Sprachliche Bilder:** Welche sprachlichen Bilder (z. B. Vergleiche, Metaphern, Personifikationen) werden verwendet? Was **bedeuten** sie? Wie **wirken** sie?
- **Wortwahl:** Gibt es **Wiederholungen?** Werden **Schlüsselbegriffe** verwendet? Gibt es **Wortneuschöpfungen** (Neologismen)? Welche **Wirkung** geht von der jeweiligen Wortwahl aus?

4 **Wähle zwei der folgenden Adjektive aus, die die Wirkung der Ballade „Der Schatzgräber“ (▶ S. 26) am besten beschreiben, und kreuze sie an.**

☐ geheimnisvoll	☐ humorvoll	☐ nüchtern	☐ kritisch
☐ unheimlich	☐ lebhaft	☐ gefühlvoll	☐ schwärmerisch
☐ leidenschaftlich	☐ ruhig	☐ sachlich	☐ spannend

5 **Beschreibe die Sprechsituation in der Ballade, indem du knapp darstellst, wer darin spricht.**

____

6 **In der Ballade zeigt sich ein Gegensatz zwischen den Bereichen „Himmel/oben“ und „Erde/unten“.**

a Ergänze in der folgenden Illustration Begriffe, die in der Ballade mit diesen beiden Bereichen verbunden werden.

b Gib jeweils nach dem Pfeil an, für welche Werte oder Schwächen die beiden Bereiche stehen könnten.

7 **Zeige auf, welche sprachlichen (z. B. sprachliche Bilder, Wortwahl) und formalen Gestaltungsmittel (z. B. Reim, Metrum) dazu beitragen, diese Bedeutung (Aufgabe 6 b) zu erzeugen. Notiere mindestens drei Beispiele, z. B.:**

Wortwahl: Wiederholung „wühlt und wühlt“ (V. 10) zeigt, wie ...

---

8 **Notiere die genaue Reimform der Ballade in der Randspalte auf S. 26 und benenne sie.**

Reimformen:
- Paarreim: aa bb
- Kreuzreim: abab
- umarmender Reim: a bb a

Metrum:
- Jambus: xX́ xX́
- Trochäus: X́x X́x
- Daktylus: X́xx X́xx
- Anapäst: xxX́ xxX́

9 **Untersuche das Metrum.**

a **Notiere und benenne zuerst das Betonungsschema der ersten beiden Verse.**

x X́x ...
Wenn alle Wälder schliefen,
Er an zu graben hub,

} Metrum: ______________________

b **Lies die Ballade nochmals laut und deutlich. Unterstreiche dabei die Verse, in denen das Metrum abweicht.**

c **Erkläre, welche Wirkung damit erreicht wird.**

---

10 ●●● **Erläutere schriftlich in deinem Heft, wie du die Ballade verstehst.**
Tipp: Das Gedicht beleuchtet nicht nur das Schicksal des Schatzgräbers, sondern es wird eine allgemeine Aussage über die Menschen gemacht.

11 **Probiere aus, wie du auf der Grundlage deines Verständnisses die Ballade sinnbetont vortragen kannst. Setze bewusst Sprechgeschwindigkeit, Lautstärke und Betonungen ein. Gehe so vor:**

a **Schreibe die Ballade auf ein leeres Blatt und lass zwischen den Versen jeweils eine Zeile frei.**

b **Ergänze den Text mit Betonungszeichen.**
Tipp: Beachte deine Ergebnisse zu Aufgabe 9.

c **Trage das Gedicht einem Zuhörer (Lernpartner/-in) vor und lasse dir ein Feedback geben:**
- **Hast du klar und deutlich gesprochen?**
- **Hast du Sprechgeschwindigkeit, Lautstärke und Betonungen sinnvoll eingesetzt?**
- **Wird deutlich, wie du die Ballade verstehst?**

Betonungszeichen

◄ lauter)	► leiser)
‖ lange Pause	| kurze Pause
→ schneller	← langsamer
___ Betonung	↗ Zeilensprung

12 ●●○ **Lerne die Ballade auswendig und trage sie einem Publikum vor.**
Tipp: Du kannst die Ballade auch allein sinnbetont vortragen und dies z. B. mit einem Smartphone aufnehmen.

Was kannst du schon? – Grammatik

1 Bestimme die Wortarten in den folgenden Sätzen A und B: Trage über jedem Wort die richtige Ziffer ein. (je Wortart ½ Punkt = 9 Punkte insgesamt)

Nomen: 1 Artikel: 2 Adjektiv: 3 Verb: 4
Präposition: 5 Personalpronomen: 6
Possessivpronomen: 7 Demonstrativpronomen: 8
Adverb: 9

A Unser Klassenausflug in den Freizeitpark hat großen Spaß gemacht.

B Dieses Erlebnis werde ich immer in guter Erinnerung behalten.

2 Bilde mit Suffixen (Nachsilben) aus den beiden Adjektiven *dunkel* und *spannend* je ein Nomen und aus den beiden Nomen *Wunder* und *Angst* je ein Adjektiv. Schreibe die Wörter auf. (4 Punkte)

dunkel: ______ spannend: ______

Wunder: ______ Angst: ______

3 Bilde die Tempusformen zu den beiden folgenden Verben in der 3. Person Singular. (8 Punkte)

	Plusquamperfekt	Präteritum	Perfekt	Futur
A spielen:	er			
B fahren:	er			

4 Kreuze bei jedem der folgenden Sätze an, ob er im Aktiv oder im Passiv steht. (5 Punkte)

	Aktiv	Passiv
A Die Fahrt mit der unterirdischen Geisterbahn wird besonders spannend und gruselig.	☐	☐
B Die Fahrgäste werden in Gondeln durch die Welt der chinesischen Sagen gefahren.	☐	☐
C Dabei werden sie von verschiedenen chinesischen Geistergestalten erschreckt.	☐	☐
D Außerdem können sie einen Kampf mit einem chinesischen Drachen beobachten.	☐	☐
E Wer weiß, ob sich alle Fahrgäste wieder in einer Geisterbahn durchschütteln lassen werden?	☐	☐

5 **a** **Trenne in den folgenden Sätzen die Satzglieder durch einen senkrechten Strich | ab.**
b **Schreibe jeweils die Bezeichnung für jedes Satzglied unter den Satz. (je Satzglied ½ Punkt = 7 Punkte)**

A Achterbahnen gehören in Freizeitparks zu den beliebtesten Attraktionen.

B Sehr schnelle Bahnen bereiten den Fahrgästen meistens besonders großen Spaß.

C Wegen der Loopings leiden manche Fahrgäste danach unter Übelkeit.

6 **a** **Unterstreiche in den Sätzen A bis C die Attribute und zeichne für jedes Attribut einen Pfeil zum Bezugswort.**
b **Notiere neben jedem Satz, welche Arten von Attributen er enthält. (6 Punkte)**

A Eine besondere Achterbahn, die Kingda Ka, wurde 2005 gebaut.

B Es handelt sich um die schnellste Achterbahn der Welt.

C Sie steht im neuesten Freizeitpark von New Jersey.

7 **Verbinde die folgenden Sätze links mit dem dazu passenden Satzbauplan rechts. Kennzeichne die Satzgefüge mit einem Kreuz und die Satzreihe mit zwei Kreuzen. (4 Punkte)**

A Wenn man sich von den vielen Fahrten mit Geister- und Achterbahnen erholen möchte, besucht man am besten eine Artistik-Show.		a – Hs –, – Ns –.
B Die Artisten führen spektakuläre Kunststücke auf, sie beeindrucken die Zuschauer mit sensationellen Tricks.		b – Hs –. – Ns –,
C Bei den gefährlichen Trapeznummern bleibt den Zuschauern, obwohl die Künstler mit Seilen gesichert sind, der Atem weg.		c – Hs –, – Ns –, – Hs –.
D Besonders aufregend ist der Feuer-Tanz, weil die brennenden Fackeln die Körper der Artisten hautnah umkreisen.		d – Hs –,– Hs –.

8 **Formuliere den folgenden Satz in ein Satzgefüge mit einem Adverbialsatz um. (1 Punkt)**

Wegen des beeindruckenden Feuer-Tanzes hat mir die Show großen Spaß gemacht.

9 **a** **Prüfe deine Lösungen und die erreichten Punkte mit Hilfe des Lösungsheftes (▶ S. 10).**
b **Trage ein, wie du die Aufgaben bewältigt hast:** ✓ = das meiste richtig ? = noch etwas unsicher

Aufgabe	1	2	3	5	6	7	8
Weitere Übungen	Seite 31–33	Seite 31	Seite 34–36	Seite 45–48	Seite 45, 49	Seite 54–56	Seite 57–60

Wortarten

Wortarten sicher unterscheiden

Wissen und können **Wortarten**

Wichtig zur Unterscheidung von Wortarten ist die **Beugung** (Deklination oder Konjugation):

- Nomen werden immer **großgeschrieben.**
- **Konjugieren** kannst du nur **Verben** (Person, Anzahl, Zeitform, Aktiv – Passiv, Indikativ – Konjunktiv).
- **Deklinieren** kannst du **Nomen, Artikel,** fast alle **Pronomen** und **Adjektive** (Genus, Numerus, Kasus).
- **Nicht beugen** lassen sich **Adverbien, Präpositionen** und **Konjunktionen.**

1 **Trage die folgenden acht Fachbegriffe für die Wortarten im Schaubild an der richtigen Stelle ein.**
Tipp: Prüfe für die Zuordnung, ob und auf welche Weise du die Wortart beugen kannst.

Verb | Artikel | Pronomen | Konjunktion | Adjektiv | Nomen | Adverb | Präposition

Personalpronomen *ich, du, er/sie/es, wir, ihr, sie*
Possessivpronomen *mein, dein, unser, euer …*
Demonstrativpronomen *dieser, jener, der, das …*
Indefinitpronomen *kein, jemand, etwas, alle …*
bestimmt *der, die, das …*
unbestimmt *ein, eine, eines …*
Steigerung
Positiv (Grundform): *hoch*
Komparativ (1. Steigerungsstufe): *höher*
Superlativ (2. Steigerungsstufe): *am höchsten*

A Nomen
(auch: Hauptwort)
Jongleur, Bühne, Clown

B Pronomen
(Stellvertreter/Fürwort)

C Artikel
(Begleiter)

D Adjektive
(Eigenschaftswort)
bunt, gelenkig, freundlich, musikalisch

„deklinieren“ (beugen)

„konjugieren“ (beugen)

nicht beugen

E Verben
(Tätigkeitswort)
werfen, schwingen, staunen

Imperativ
Personalendung (Person, Anzahl)
Zeitform (Tempus)
- **Futur**
- **Präsens**
- **Perfekt**
- **Präteritum**
- **Plusquamperfekt**

Aktiv – Passiv
Indikativ – Konjunktiv

F Konjunktionen
(Bindewort)
und, denn, weil, als, dass …

G Adverb
(Umstandswort)
abends, dort, bald, paarweise …

H Präposition
(Verhältniswort)
auf, an, mit, in, unter …

Wiederholung: Die Pronomen

Wissen und können **Das Pronomen** (Fürwort; Plural: die Pronomen)

- **Personalpronomen** *(ich, du, er/sie/es, wir, ihr, sie)* können im Satz **Nomen ersetzen,** z. B.:
  Miraculix liebt seinen Bart, obwohl er ihn manchmal stört.
  Personalpronomen werden wie Nomen dekliniert (gebeugt).
- **Possessivpronomen** *(mein/meine, dein/deine, sein/seine, ihr/ihre, unser/unsere, euer/eure, ihr/ihre)* geben an, **zu wem etwas gehört.** Sie stehen im gleichen Kasus wie ihr Bezugswort, z. B.:
  Miraculix trägt seinen Bart mit Würde.
  Wen oder was ...?
- **Indefinitpronomen** *(alles, etwas, ...)* geben eine ungefähre Menge oder Anzahl an, z. B.: *genug Zeit.*
- **Demonstrativpronomen** *(der/die/das, dieser/diese/dieses, jener/jene/jenes, solcher/solche/solches, derselbe/dieselbe/dasselbe)* **weisen** besonders deutlich auf eine Person oder Sache **hin,** z. B.:
  Dieser Bart ist etwas Besonderes!
  Sie können als **Begleiter** oder als **Stellvertreter** des Nomens verwendet werden.

1 **Unterstreiche im Text alle Personalpronomen, unterringle alle Possessivpronomen und umkreise alle Indefinitpronomen.**

Gallische Mode

Ihr kennt bestimmt Asterix und Obelix und Miraculix. Sie achten sehr auf ihre Kleidung und ihr Äußeres: Miraculix trägt einen langen weißen Bart, der ihm den Ausdruck von Würde und Weisheit verleiht. Allerdings stehen ihm stets einige seiner Haarsträhnen wirr vom Kopf. Von manchen Dorfbewohnern wird er um seinen roten Umhang beneidet. Aber auch wenn es euch vielleicht wundert: Niemand hat bisher seine blauen Schuhe bemerkt.
Wie alle Gallier, ist auch Obelix ist sehr modebewusst. Man erkennt ihn an seinen Hosen mit breiten blauen und weißen Streifen. Aber es müssen unbedingt Längsstreifen sein, schließlich wisse doch jedermann, dass Querstreifen dick machen! Habt auch ihr solche Hosen in eurem Schrank?

2 **a** **Markiere die Wortgruppen, auf die sich die drei fett gedruckten Demonstrativpronomen beziehen.**
b **Unterstreiche im Text die sechs weiteren Demonstrativpronomen.**

Asterix ist der gewitzte Held des gallischen Dorfes. Auch **dieser** stolze Krieger achtet sehr auf sein Äußeres. Sein prächtiger Schnurrbart leuchtet weithin strohgelb. **Den** zwirbelt er beim Nachdenken. **Solche** Bärte sind bei den Galliern sehr in Mode! Er trägt einen kleinen Helm. Diesen schmücken zwei Flügel. Die zeigen auch an, wie sich unser Held fühlt: Geht es ihm gut, stehen diese senkrecht in die Höhe. Ist Asterix bedrückt, hängen dieselben Flügel schlapp herab. An seiner Seite trägt Asterix eine kleine grüne Flasche. Diese ist mit einem Zaubertrank gefüllt. Er verleiht demjenigen, der davon kostet, übermenschliche Kräfte.

3 **Schreibe den Text ab und ersetze die Fragezeichen durch passende Demonstrativpronomen.**
●●●

Der Gallierhäuptling Majestix erklärt: „Wenn ich mich nicht auf ? Schild von ? Trägern tragen lasse, nimmt man mich nicht mehr ernst. ? ist meinem Kollegen im Nachbardorf passiert. ? wollte sich seine Schildträger sparen und kurz darauf wurde er zum Kampf der Häuptlinge herausgefordert. Bei ? Kampf hat er verloren. Schon war er arbeitslos. Ein ? Missgeschick passiert mir nicht! ? ist absolut sicher."

Wiederholung: Das Adverb

Wissen und können **Das Adverb** (Umstandswort; Plural: die Adverbien)

Adverbien machen **nähere Angaben zu einem Geschehen.** Sie benennen,

- **wo** etwas passiert (Adverbien des Ortes/**Lokaladverbien**), z. B.: *dort, oben, unten,*
- **wann** etwas geschieht (Adverbien der Zeit/**Temporaladverbien**), z. B.: *gestern, heute, danach,*
- **wie** etwas stattfindet (Adverbien der Art und Weise/**Modaladverbien**), z. B.: *gern, sehr, irgendwie,*
- **warum** etwas eintritt (Adverbien des Grundes/**Kausaladverbien**), z. B.: *deshalb, daher, darum.*

Adverbien werden **kleingeschrieben** und sind im Gegensatz zum Adjektiv in der Regel **nicht veränderbar** (nicht flektierbar).

1 **Markiere im folgenden Text die verschiedenen Adverbien: die Lokaladverbien (Adverbien des Ortes) z. B. rot, die Temporaladverbien (Adverbien der Zeit) z. B. grün, die Modaladverbien (Adverbien der Art und Weise) z. B. orange oder gelb und die Kausaladverbien (Adverbien des Grundes) z. B. blau.**
Tipp: Es sind fünf Lokal-, vier Temporal-, sechs Modal- und drei Kausaladverbien.

Ritter in Fantasierüstungen

Fantasyromane sind heute so beliebt wie nie zuvor. Die Leserschaft von Titeln wie „Der Herr der Ringe“, „Eragon“ oder „Der Name des Windes“ ist sehr groß. Immer mehr Verlage nehmen daher solche Titel in ihr Sortiment auf. Zumeist spielt die Handlung dieser Romane in einer unbestimmten Vergangenheit. Darum tummeln sich dort oft Figuren, die einigermaßen an unsere mittelalterlichen Ritter erinnern. Die Welt Mittelerdes aus J. R. R. Tolkiens Roman „Der Herr der Ringe“ bevölkern beispielsweise Helden in glänzenden Rüstungen, aber auch finstere Wesen, die furchterregend und manchmal merkwürdig aussehen. Besonders in den Verfilmungen dieser Romane bedienen sich die Autoren hier größtenteils historischer Vorlagen. Nach realistischen Umsetzungen sucht man jedoch zumeist vergebens. Mitunter sind die Fantasierüstungen völlig unsinnig: Die Helden tragen Helme, die links und rechts große Hörner zieren, oder viel zu schwere Schilde, die überall mit Stacheln besetzt sind. Schon ihretwegen würden die Ritter jeden Kampf verlieren.

2 **Fülle mit Hilfe der Adverbien aus dem Wortspeicher sinnvoll die Lücken im folgenden Text.**

●●●

zusätzlich • kaum • ~~anfangs~~ • stets • unversehens • manchmal • später • danach

Der Zauberer Gandalf

Der Zauberer Gandalf ist eine der Hauptfiguren in den Romanen „Der kleine Hobbit“ und „Der Herr der Ringe“. Anfangs trägt er einen grauen Bart und graue Haare, die ________ weiß werden. ________ wird er ________ auch Gandalf der Weiße genannt. Bei sich führt er ________ einen Zauberstab, der wie ein ganz normaler Wanderstab wirkt. ________ besitzt er das berühmte Schwert Glamdring. Beides, Schwert und Zauberstab, werden im Kampf ________ zu mächtigen Waffen, denen die Gegner ________ widerstehen können.

Das Verb – Die Tempora (Zeitformen)

Das Präsens und das Futur

Wissen und können | **Die Zeitform Präsens**

Das **Präsens** wird verwendet,

- wenn etwas in der **Gegenwart** geschieht (z. B.: *Jugendliche **tragen** heute gern weiße T-Shirts.*),
- wenn eine Aussage **immer gilt** (z. B.: *Kleidung **schützt** den Menschen vor Wind und Wetter.*),
- um **Zukünftiges** auszudrücken. Meist verwendet man dann eine Zeitangabe, die auf die Zukunft verweist (z. B. *morgen, nächste Woche, ...*), z. B.: *Nächstes Jahr **kaufe** ich mir eine neue Jacke.*

1 **a** **Unterstreiche im folgenden Text die Verben, die im Präsens stehen.**
b **Notiere für jeden Satz, wie er verwendet wird:**
1 = Gegenwart, 2 = allgemeingültige Aussage, 3 = Zukünftiges.

A: 2; B: ____

Die Modetrends zu Beginn des 21. Jahrhunderts

A Die Mode verändert sich beständig. B Immer wieder setzen sich neue Trends durch. C Damit lassen sie die bisherige Mode alt aussehen. D Was aber geschieht zurzeit im Modebereich? E Nach den Trendforschern ist die Mode der Gegenwart dadurch gekennzeichnet, dass sie vor allem frühere Stilrichtungen aufgreift und kombiniert. F Damit ist die Mode früherer Jahrzehnte im Moment wieder modern! G Diese sogenannten Retro- und Vintage-Looks sind gerade weit verbreitet. H Außerdem bietet das Internet die Möglichkeit, aus der ganzen Welt Kleidungsstücke zu beziehen. I Auf diese Weise kann sich der Trendsetter seinen eignen Stil mixen. J In den nächsten Jahren verkauft sich außerdem „grüne Mode“ wahrscheinlich besonders gut. K Darunter versteht man Mode, deren Stoffe aus biologischer Landwirtschaft stammen, fair gehandelt werden oder aus wiederverwerteten Materialien bestehen.

Wissen und können | **Die Zeitform Futur I**

- Die **Zeitform Futur I** wird verwendet, um ein **zukünftiges Geschehen** auszudrücken, z. B.: *Er wird einen Pullover tragen.*
- Sie wird **gebildet** aus der **Personalform von *werden*** **und** dem **Infinitiv des Verbs.**

2 **Vervollständige die vier Fragen für das Interview mit einem Modeschöpfer.**
Setze die Verben *geben, tragen, besuchen, überleben* in der Zeitform Futur I ein.

Welche Modemessen ____________________ Sie in diesem Jahr noch ____________________?

Kann es sein, dass wir bald die Mode der 1950er Jahre wieder ____________________?

____________________ die Jeans jeden Modetrend ____________________?

____________________ es eine neue Kollektion von Ihnen ____________________?

Das Perfekt

Wissen und können | **Die Zeitform Perfekt**

- Wenn man **mündlich** von etwas **Vergangenem** berichtet, wird häufig das **Perfekt** verwendet, z. B.: Großmutter: *„Ich habe schon früher Jeans getragen."*
- Das Perfekt ist eine **zusammengesetzte Zeitform,** die mit einer **Form von *haben* oder *sein* im Präsens** (z. B. *habe, bin*) und dem **Partizip II des Verbs** (z. B.: *ausgegangen, getragen*) gebildet wird.

1 **Tabea und Ben sind in mit ihren Eltern in den Ferien nach Shanghai gereist. Ihre Großmutter zuhause will auch über die Mode in China Bescheid wissen. Über das Internet unterhält sie sich mit ihren Enkeln. Lies ihre Fragen und unterstreiche darin die Perfektformen. Beachte: Sie sind immer zweiteilig.**

A „Hallo Tabea, hallo Ben! Habt ihr auch die richtige Kleidung eingepackt?"

B „Tabea, ist dir aufgefallen, wie man sich in China kleidet?"

C „Ben, erzähl doch mal! Hast du schon gesehen, welchen Schmuck man in China trägt?"

D „Seid ihr schon in einem Modegeschäft gewesen?"

2 **Tabea und Ben erzählen von ihren Beobachtungen. Setze die markierten Infinitive im Perfekt ein.**

Ben: „Hallo Oma! Alles ________ bestens ________________ [klappen]. Wir ________ auch passend ________________ [packen]. Im Flugzeug ________ wir Lin, ein chinesisches Mädchen, ________________ [kennen lernen]. Sie ________ neben uns ________________ [sitzen]. Lin ________ ein wunderschönes rotes Kleid aus bestickter Seide ________________ [tragen]. Der Kragen ________ hochgeschlossen ________________ [sein]. Wir ________ miteinander ________________ [sprechen]. Sie ________________ [erklären], dass so ein Kleid *Qipao* heißt. In den Straßen Shanghais ________ mir viele solcher Kleider ________________ [auffallen]."

Tabea: „Aber Ben, es waren doch nicht alle Chinesinnen, die wir so gekleidet ________________ [treffen]! Wir ________ gestern in der Stadt sehr viele in Jeans und T-Shirt ________________ [sehen]. In einem Modegeschäft ________ wir allerdings noch nicht ________________ [sein]."

3 **Unterstreiche im folgenden Text nur die Sätze bzw. die Teilsätze, die nicht im Perfekt stehen.**

●●●

Ben: „Oma, du hast nach dem typisch chinesischen Schmuck gefragt. Ich habe deshalb genauer darauf geachtet und bemerkt, dass viele Schmuckstücke besondere Motive tragen. Manche Anhänger sind mit Drachenmotiven verziert, andere mit Schriftzeichen oder Blumenranken. In einem Schaufenster habe ich kleine Wächterlöwen als Schmuckstücke entdeckt. Die meisten davon waren aus Gold oder Silber."

Das Präteritum und das Plusquamperfekt

Wissen und können | **Die Zeitform Präteritum**

Das **Präteritum** ist eine **Zeitform in der Vergangenheit,** z. B.: *Edward S. Curtis **fotografierte** die Ureinwohner Nordamerikas.*

- Bei den **regelmäßigen** (schwachen) Verben **ändert** sich **im Präteritum der Vokal im Verbstamm nicht,** z. B.: *Edward Curtis **rettete** damit das Wissen über deren traditionelle Trachten.* (Infinitiv: *retten*)
- Bei **unregelmäßigen** (starken) Verben **ändert** sich **im Präteritum der Vokal im Verbstamm,** z. B.: *Er **erwies** uns und den Nachfahren der Ureinwohner einen großen Dienst.* (Infinitiv: *erweisen*)

1 **Markiere im folgenden Textauszug die Verbformen, die im Präteritum stehen.**

Die Tracht der Ureinwohner Nordamerikas

Wer kennt sie nicht: Reich mit Federn und Ketten geschmückte Krieger. Doch von Anfang an stellten die Hollywood-Filme die Ureinwohner Nordamerikas oft falsch dar. Zu Federschmuck und Stirnbändern griff man in den Filmen vor allem deshalb, weil man daran leicht die Perücken befestigen konnte. Tatsache ist, dass wir kaum wissen, wie die Ureinwohner wirklich aussahen. Der Erste, der für die echte Tracht Interesse aufbrachte, war der Fotograf Edward S. Curtis. Zwischen 1895 und 1928 unternahm er Reisen zu verschiedenen Stämmen, wo er die Menschen in ihrem Alltag und bei ihren Festen fotografierte. Dabei gelangen ihm eindrucksvolle Portraits. Allerdings bemerkte man später, dass die Ureinwohner um 1900 schon nicht mehr ihre ursprüngliche Tracht trugen, sondern bereits moderne Gegenstände wie etwa Silbermünzen oder Schmuckstücke der weißen Einwanderer verwendeten.

2 **Übertrage die folgende Tabelle in dein Heft. Trage darin die Verbformen im Präteritum ein, die du im Text zu Aufgabe 1 markiert hast, und bilde zu jedem Verb den dazugehörigen Infinitiv.**

regelmäßige (schwache) Verben	unregelmäßige (starke) Verben
stellten … dar – darstellen	…

3 **Setze in deinem Heft die folgenden Sätze ins Präteritum.**

Edward S. Curtis stößt bei seinen Reisen auch auf das Volk der Wishram im Nordwesten der USA. Der Schmuck eines Wishram-Mädchens scheint ihn besonders zu faszinieren. Ihre durch die Nase gebohrte Muschel betrachtet er als Zeichen eines höheren gesellschaftlichen Ranges. Ihr Haarschmuck besteht aus Muscheln, Perlen und Münzen.

Wissen und können | **Die Zeitform Plusquamperfekt**

- Wenn etwas **vor** dem passiert ist, wovon im **Präteritum** oder **Perfekt** erzählt wird, dann verwendet man das **Plusquamperfekt,** z. B.: *Nachdem Curtis die Wishram **gesehen hatte,** interessierte er sich für ihre Kultur.*
- Das Plusquamperfekt ist eine **zusammengesetzte Zeitform.** Es wird **gebildet** mit einer **Form von *haben*** oder ***sein* im Präteritum** (z. B.: *hatte, war*) und dem **Partizip II des Verbs** (z. B.: ***ge**sehen, **ge**lesen*).

4 **Bilde drei Satzgefüge (Nebensatz im Plusquamperfekt, Hauptsatz im Präteritum) und schreibe sie ins Heft.**

A Curtis veröffentlicht seine Fotografien / Interesse an der Kultur der Wishram wächst — nachdem
B Curtis' Leser sehen die unterschiedlichen Trachten / sie erkennen den Reichtum dieser Kultur — erst als
C Die Ureinwohner Nordamerikas ziehen in Reservate / Curtis beginnt sie zu fotografieren — bereits/als

Das Verb – Der Konjunktiv

Der Konjunktiv II und die *würde*-Ersatzform

Wissen und können | **Den Konjunktiv II (Irrealis) bilden**

Wenn man eine **Aussage als unwirklich (irreal),** nur **vorgestellt, unwahrscheinlich** oder **gewünscht** kennzeichnen möchte, verwendet man den **Konjunktiv II.** Man bezeichnet ihn daher auch als **Irrealis.**

Bildung des Konjunktivs II

- Der Konjunktiv II wird in der Regel **vom Indikativ Präteritum abgeleitet,** z. B.: (Infinitiv: *halten*) *er hielt* → *er hielte.*
  - Bei unregelmäßigen (starken) Verben werden ***a, o, u*** **im Wortstamm** zu ***ä, ö, ü,*** z. B.: (Infinitiv: *sehen*) *er sah* → *er sähe.*
- Anstelle des Konjunktivs II wird die ***würde*-Ersatzform** verwendet, wenn
  - der **Konjunktiv II** (im Textzusammenhang) **nicht vom Indikativ Präteritum zu unterscheiden** ist, z. B.: *Wir **gingen** wieder auf allen vieren.* → *Wir **würden** wieder auf allen vieren **gehen.***
  - der **Konjunktiv II** (im mündlichen Sprachgebrauch) als **ungebräuchlich oder unschön** empfunden wird, z. B.: *Ich **empfähle** Knieschoner.* → *Ich **würde** Knieschoner **empfehlen.***

1 **a Markiere im folgenden Text die fünf Konjunktivformen und die zwei *würde*-Ersatzformen.**

Leben im Rückwärtsgang – ein Gedankenexperiment

Wieso muss die Zeit eigentlich voranschreiten? Unser Leben könnte doch auch umgekehrt ablaufen. Wir kämen aus einem dunklen Grab als alte Menschen in die bunte, lebendige Welt. Im Altersheim ginge es uns von Monat zu Monat besser, wir verlören langsam unsere Falten aus dem Gesicht und würden uns körperlich erholen. Sobald das letzte weiße Haar verschwände, würden wir als rüstige Rentner das Altersheim verlassen.

b Erkläre, warum im Text oben die beiden *würde*-Ersatzformen verwendet wurden: *Sie wurden gewählt, weil ...*

____

2 **Ergänze in der Textfortsetzung zu Aufgabe 1 jeweils die Personalform des angegebenen Verbs im Konjunktiv II.**

Nach der Zeit im Altersheim ______________ [stehen] jetzt ausgedehnte Reisen und die Erfüllung von Lebensträumen in unserem Kalender. Erst wenn diese Zeit voll weiser Gelassenheit vorbei ________ [sein], ______________ [beginnen] auf einem interessanten, gehobenen Posten unser Berufsleben. Das anschließende Studium und der Schulbesuch ______________ [nehmen] die Last der Verantwortung von unseren Schultern und ______________ [geben] uns einen Vorgeschmack auf die Freiheit der Kindertage: spielen, toben und vieles ausprobieren. Oder ______________ [gefallen] es dir gar nicht, mit der Erfahrung eines 80-Jährigen zur Welt zu kommen? Immerhin ______________ [erhalten] du am letzten Schultag eine Tüte voller Süßigkeiten statt nur ein bedrucktes Stück Papier mit der Überschrift ‚Abschlusszeugnis". Wie ______________ [finden] du diesen Lebenslauf?

Die Verwendung des Konjunktivs II in Konditionalgefügen

Wissen und können **Irreale Konditionalgefüge (Bedingungsgefüge)**

In einem **Satzgefüge** stellt der **Konditionalsatz** (Nebensatz, der mit *wenn* oder *falls* eingeleitet wird) eine **Bedingung** dar; die Folge wird im Hauptsatz formuliert.

- Ist die **Bedingung möglich oder real,** werden Hauptsatz und Nebensatz im Indikativ formuliert, z. B.:
  Wenn ich ein Tauchboot sehe, dann denke ich an aufregende Entdeckungsfahrten.
- Ist die **Bedingung unwahrscheinlich oder irreal,** wird im Hauptsatz und im Nebensatz (Konditionalsatz) der **Konjunktiv II (Irrealis) oder** die ***würde*-Ersatzform** verwendet, z. B.:
  Wenn ich Zeitreisen unternehmen ***könnte, würde*** *ich Julius Cäsar gern einmal* ***besuchen.***
  Wenn ich eine Schriftstellerin ***wäre, schriebe*** *ich Fantasy-Romane.*
- Die *würde*-Ersatzform wird v. a. dann verwendet, wenn der **Konjunktiv II nicht vom Indikativ Präteritum zu unterscheiden** oder **ungebräuchlich** ist oder als **unschön** empfunden wird.

1 **Stell dir vor, du wärest eine Figur in den folgenden Geschichten. Formuliere irreale Konditionalgefüge.**

als Hobbit in Mittelerde unterwegs sein | den Drachen Smaug mühelos bezwingen

Wenn ich als Hobbit in Mittelerde unterwegs wäre,

zum Mittelpunkt der Erde vordringen können | geheime Welten im Erdinneren entdecken

durch einen Zauber in die Steinzeit versetzt werden | Mammuts beobachten

2 **a** **Untersuche den folgenden Text.**
Unterstreiche die realen Bedingungsgefüge und unterringle die irrealen Bedingungsgefüge.
b **Kreise die Verbformen im Konjunktiv II ein und markiere farbig die *würde*-Ersatzformen.**

Wer von euch kennt das nicht? Wenn ein Buch eine spannende Geschichte erzählt, vergisst man alles um sich herum und versinkt in der Welt zwischen den Buchdeckeln. Vielen jungen Lesern ergeht es so, wenn der Name der Autorin Kirsten Boie auf dem Buchrücken steht. In Kirsten Boies Roman „Alhambra" berührt zum Beispiel ein Junge, der in Spanien auf Klassenfahrt ist, versehentlich einen verzauberten Gegenstand und wird ins Jahr 1492 zurückversetzt. Wenn er es nicht schafft, den Schlüssel für seine Rückkehr zu finden, muss er sein Leben lang in dieser Zeit leben. Gäbe es solche Zaubergegenstände tatsächlich, wäre unser Leben um einiges abenteuerlicher. Aber wem würde es schon gefallen, wenn er sich plötzlich und unvorbereitet in einer anderen Zeit befände?

Der Konjunktiv I in der indirekten Rede

Wissen und können | **Den Konjunktiv I bilden**

- Wenn man **Äußerungen anderer Menschen wiedergeben** möchte, verwendet man die **indirekte Rede.** Das **Verb** steht dann im **Konjunktiv I,** z. B.: *Sie beteuert, das Tauchboot* ***funktioniere*** *gut.*
- **Bildung des Konjunktivs I**
  – Der Konjunktiv I wird durch den **Stamm des Verbs** (Infinitiv ohne *-en*) und die entsprechende **Personalendung** gebildet, z. B.:

Indikativ Präsens	Konjunktiv I	Indikativ Präsens	Konjunktiv I
ich reis-e	*ich reis-e*	*wir reis-en*	*wir reis-en*
du reis-t	*du reis-est*	*ihr reis-t*	*ihr reis-et*
er/sie/es reis-t	*er/sie/es reis-e*	*sie reis-en*	*sie reis-en*

  – Die Formen des Konjunktivs I von *sein* lauten: *ich sei, du sei(e)st, er/sie/es sei, wir seien, ihr seiet, sie seien.*

1 a **Unterstreiche im folgenden Text die Verbformen im Indikativ.**
b **Markiere die Verbformen im Konjunktiv I.**

Im Jahre 1898 berichteten die Zeitungen über eine spektakuläre Expedition: Unter der Leitung des Biologen Carl Chun lief der Ozeandampfer *Valdivia* zur ersten deutschen Tiefsee-Expedition aus.

Das Ziel sei, so wurde berichtet, die wissenschaftliche Erschließung der Artenvielfalt. Dadurch erhalte man endlich Einblick in eine unbekannte Welt. Tatsächlich nahmen die Forscher der *Valdivia* tausende von Proben, deren Auswertung 41 Jahre dauerte.

Die Sammlung der *Valdivia,* betont Prof. Ralf Thiel vom Zoologischen Museum der Universität Hamburg, bilde noch heute den Grundstock vieler meeresbiologischer Ausstellungen und Forschungseinrichtungen.

Prof Dr. Karl Chun.

2 ●●● **Wähle für jeden der folgenden Sätze das passende Verb und setze die Verbform im Konjunktiv I ein.**

steuern • erfordern • betragen • sammeln • sein • wehen

Die Kapitänin eines Forschungsschiffs berichtet aus dem Arbeitsalltag der Tiefseeforscher:

A Der Wind auf hoher See ______________ oft stürmisch.

B Der Seegang ______________ dann oft einige Meter Höhe.

C Es ______________ viel Geschick, bei solcher Witterung das Tauchboot zu Wasser zu lassen.

D Ein Techniker an Bord ______________ das Tauchboot mit dem Computer.

E Bemannte Tauchgänge, besonders in große Tiefen, ______________ mittlerweile sehr selten.

F Trotz aller Routine ______________ das Team mit jedem Tauchgang neue Erfahrungen.

Ersatzformen für den Konjunktiv I in der indirekten Rede

Wissen und können **Indirekte Rede und Ersatzformen für den Konjunktiv I**

- Wenn der **Konjunktiv I** in der indirekten Rede **nicht vom Indikativ Präsens zu unterscheiden** ist, dann wird der **Konjunktiv II** verwendet, z. B.:
  Konjunktiv I = Indikativ Präsens — *Er sagt, viele **sehen** niemals einen Anglerfisch.*
  → Konjunktiv II als Ersatzform — *Er sagt, viele **sähen** niemals einen Anglerfisch.*
- Ist der **Konjunktiv II nicht** vom **Indikativ Präteritum zu unterscheiden,** wird die ***würde*-Ersatzform** verwendet, z. B.: *Wir **entdeckten** Anglerfische → Er sagte, wir **würden** Anglerfische **entdecken.***
- **Wer** in der direkten oder in der indirekten Rede **etwas gesagt** hat, wird mit dem **Redebegleitsatz** angegeben. Der Redebegleitsatz kann vorangestellt, eingeschoben oder nachgestellt sein, z. B.:
  – **vorangestellt:** *Die Biologin erklärt, in der Tiefsee seien seltsame Lebewesen zu finden.*
  – **eingeschoben:** *In der Tiefsee, erklärt die Biologin, seien seltsame Lebewesen zu finden.*
  – **nachgestellt:** *In der Tiefsee seien seltsame Lebewesen zu finden, erklärt die Biologin.*

1 **a Trage in die folgende Übersicht die fehlenden Verbformen ein.**
b Setze dort ein Kreuz, wo der Konjunktiv I durch den Konjunktiv II bzw. wo der Konjunktiv II durch die *würde*-Ersatzform ersetzt werden muss.

	Indikativ Präsens		Konjunktiv I	Indikativ Präteritum		Konjunktiv II
A	er fragt	☐	___	___	☐	___
B	___	☐	___	sie beobachteten	☐	___
C	___	☐	___	___	☐	sie schiene
D	___	☐	___	sie schwammen	☐	___

2 ●●● **Gib im Heft die folgenden wörtlichen Reden in indirekter Rede wieder. Achte auf die richtige Verbform, variiere die Stellung der Redebegleitsätze und formuliere abwechslungsreich.**
Tipp: Beim Wechsel von der direkten zur indirekten Rede kann das Pronomen wechseln: *ich meine → sie meint.*

Verben für abwechslungsreichere Redebegleitsätze:
erklären, berichten, empfehlen, informieren, versichern, behaupten, vermuten, raten, befürchten, ...

Kapitänin Meyer: „Für mich geht ein Traum in Erfüllung, wenn ich mit einem Forschungsschiff in See stechen darf. Schließlich bedeutet das eine große Verantwortung. Gleichzeitig trägt meine Arbeit dazu bei, unser Wissen über die Meere zu vergrößern."

Meeresbiologe Schmidt: „Mit etwas Glück bietet sich uns beim Tauchgang ein spektakuläres Bild. Die Fische am Grund der Tiefsee passen sich an die extremen Lebensbedingungen ideal an. Der Anglerfisch, den viele niemals zu Gesicht bekommen, besitzt zum Beispiel ein Leuchtorgan, mit dem er seine Beute in der absoluten Dunkelheit des Meeres anlockt."

Klimaforscher Huber: „Mich interessieren an der Tiefsee ganz andere Dinge. Zusammen mit meinen Kollegen messe ich zum Beispiel den Gehalt an Kohlendioxid und anderen Stoffen. Besonders genau achten wir darauf, ob sich die Temperaturen der unterschiedlichen Meeresströmungen verändern. Auf diese Weise versuchen wir, Aussagen zur Klimaentwicklung zu machen."

Verschiedene Formen der Redewiedergabe

Wissen und können **Formen der Redewiedergabe unterscheiden**

- Es gibt einige Möglichkeiten, die **Aussagen anderer** wiederzugeben. Dabei kann man deutlich machen, dass man **deren Sichtweise zitiert,** ohne der gleichen Ansicht zu sein. Oft erfolgt die Redewiedergabe als
  - **direkte Rede,** z. B.: *Der Kapitän betont: „Die Drakestraße ist ein stürmisches Gewässer."*
  - **indirekte Rede,** z. B.: *Der Kapitän betont, die Drakestraße sei ein stürmisches Gewässer.*
- Darüber hinaus gibt es **weitere Formen der (indirekten) Redewiedergabe:**
  - ***dass*-Satz:** Das Verb der wiedergegebenen Rede kann dabei im Indikativ oder im Konjunktiv I stehen, z.B.: *Der Kapitän erzählt, dass dort die Wellen oft über 10 Meter hoch **sind/seien.***
  - ***wie*-Satz:** Das Verb der wiedergegebenen Rede muss im Indikativ stehen, z.B.: *Wie der Kapitän berichtet, **müssen** viele Reisende unter Deck bleiben.*
  - **Infinitivkonstruktion,** z. B.: *Es **sei** wichtig, sich gut auf die Reise vorzubereiten.*

1 **Gib die folgende Aussage indirekt wieder, indem du die angegebenen Formen der Redewiedergabe nutzt.**

Reiseanbieter: „Die Antarktis erscheint vielen Menschen als attraktives Reiseziel."

indirekte Rede: Ein Reiseanbieter betont, die Antarktis ______________________________

***dass*-Satz (Verb im Konjunktiv I):** ______________________________

***wie*-Satz:** ______________________________

2 **Ergänze die folgenden Lücken mit den in Klammern angegebenen Informationen. Verwende eine passende Form der indirekten Redewiedergabe.**

Der begeisterte Hobbyfotograf Lutz Seidel plant, sich nächsten Sommer in die Antarktis aufzumachen. Es sei sein Ziel, ______________________________ (Pinguine fotografieren). Seine Reise, so berichtet er, ______________________________ (beginnen – ganz im Süden Argentiniens). Wie er erzählt, ______________________________ (dort – Reisegruppe – in See stechen).

3 **Forme in deinem Heft die nachstehende Reisebeschreibung in einen abwechslungsreichen Text um, indem du die unterschiedlichen Formen der Redewiedergabe verwendest, z. B.: *Der Reiseanbieter erklärt, ...***

Reiseanbieter: „Man verlässt die Küstengewässer und kreuzt die sogenannte Drakestraße. Einen ganzen Tag lang erlebt man einen Wellengang von manchmal über 10 Metern! Erst nach vier Tagen auf See ist es dann so weit: Man nähert sich den ersten Inseln der Antarktis. Drei Tage verbringt die Reisegruppe in den Gewässern am Rand des Kontinents. Den Höhepunkt bildet ein Landgang in der Paradise Bay. Dort erblicken die Besucher auch die majestätischen Eisberge. Mit etwas Glück kommt die Sonne für einige Momente durch die Wolken und taucht die Landschaft in gleißendes Licht. Für etwa eine Stunde darf die Gruppe schließlich eine Pinguinkolonie besuchen – und endlich die ersehnten Fotos schießen. Aber schon am nächsten Tag wartet die Drakestraße wieder auf die Reisenden. Am Ende muss wohl jeder selbst entscheiden, ob man für wenige, aber einzigartige Augenblicke den hohen Reisepreis bezahlen und die Strapazen auf sich nehmen will."

Texte überarbeiten

Die Übereinstimmung zwischen Pronomen und Bezugswort prüfen

1 Überarbeite den folgenden Text über Marco Polo, in dem einige Possessivpronomen nicht richtig dekliniert sind.
- a Markiere alle Possessivpronomen (▶ S. 32).
- b Unterstreiche die Nomen oder Wortgruppen, die sie begleiten.
- c Schreibe über die falsch deklinierten Possessivpronomen die richtige Form.

Marco Polo erreicht Hormus am Persischen Golf (Buchmalerei 1390/1430)

VORSICHT FEHLER!

Marco Polo – einer der ersten Weltreisenden

Abenteuerliche Reisen in ferne Länder faszinierten seit jeher die Menschen und wecken ~~ihren~~ ihre Fantasie. Einer der bekanntesten Reisenden ist der aus Venedig stammende Marco Polo, der mit seinen Vater und seinen Onkel im Jahr 1271 aufbrach, um in China ihr Glück als Handelsreisender zu machen. Über Umwege gelangten sie auf dem Landweg ins Reich Kublai Khans. Dort blieben sie mehrere Jahre in seinem Diensten. Sein Bericht zufolge lernte Marco Polo während seinem Zeit bei Kublai Khan viele fremde Sitten kennen.

2
- a Markiere im folgenden Textauszug alle Demonstrativpronomen (▶ S. 32).
- b Unterstreiche die Nomen oder Wortgruppen, die die Demonstrativpronomen ersetzen oder begleiten.
- c Schreibe über die falsch deklinierten Demonstrativpronomen die richtige Form.

Mehrere Jahre verbrachten die drei Venezianer bei Kublai Khan. In ~~diese~~ dieser Zeit reiste er mehrmals quer durch China. Marco Polo wurde vom Khan mit dieser und jener Aufgaben betraut, gab dem Herrscher Ratschläge und erwarb sich auf dieser Weise sein Vertrauen. So war Marco Polo derjenige, der als erster Europäer das Reich der Mitte kennen lernte. Später brachte er diesem Wissen auch nach Europa zurück. So hörten die Menschen zum Beispiel vom sagenhaften Reichtum des Kaisers von China. Sie erfuhren, dass dieser Handel mit ganz Asien betrieb und dort prächtige Städte mit breiten Straßen und beeindruckenden Palästen existierten. Viele von denjenige, die später dieses Berichte hörten, konnten kaum glauben, dass außerhalb Europas eine solchen Hochkultur existie-ren könnte.

Den Konjunktiv in der indirekten Rede prüfen

3 **Im folgenden Text wurde die indirekte Rede im Indikativ wiedergegeben. Markiere die Verbformen im Indikativ und notiere am Rand die passende Verbform im Konjunktiv I oder – wenn der Konjunktiv I nicht vom Indikativ zu unterscheiden ist – im Konjunktiv II bzw. die *würde*-Ersatzform.**

VORSICHT FEHLER!

Marco Polo – ein Schwindler?

Manche Historiker (Geschichtswissenschaftler) glauben, Marco Polo ist eine sehr schillernde Gestalt. Es bleibt ihrer Meinung nach unklar, ob alle seine Reisebeschreibungen der Wahrheit entsprechen oder ob er nicht einiges hinzugedichtet oder von fremden Berichten übernommen hat. Manches – z. B. die Chinesische Mauer – erwähnt er überhaupt nicht. Andererseits erzählt er von ganz speziellen Dingen, z. B. dem Salzhandel, sehr genau, und es gibt auch keine anderen Beschreibungen aus dieser Zeit darüber. Also muss er dieses Wissen selbst in China erworben haben.

4 **Im folgenden Text wurde für die indirekte Rede fälschlicherweise ausschließlich die *würde*-Ersatzform verwendet.**
a Streiche die falschen *würde*-Ersatzformen durch und schreibe die passende Konjunktivform über die Zeile.
●●● **b Schreibe den Text in überarbeiteter Form in dein Heft.**
Tipp: Ergänze auch Redebegleitsätze und gestalte sie abwechslungsreich.

Über Marco Polo

Marco Polo als Tatar (Illustration, 18. Jh.)

In ihrem Buch über Marco Polo schreibt die Historikerin Prof. Marina Münkler, dass der Grund für das Interesse an Marco Polo heute ein anderer sein würde als im Mittelalter. Den heutigen Leser würde kaum mehr die Beschreibung exotischer Städte oder Gegenstände interessieren. Im Mittelpunkt würde heute hingegen der wagemutige Mensch und Abendteurer stehen. Marco Polo aber würde in seinem Reisebricht kaum etwas über sich selbst aussagen. Deshalb würden die Autoren über Marco Polo immer etwas hinzudichten, seine Berichte ausschmücken und sie lebendiger gestalten. Oder sie würden eben das betonen, was sie am meisten interessieren würde – zum Beispiel seine kaufmännischen Fähigkeiten oder eben seine Abenteuerlust. Deshalb würde einfach kein realistisches Bild von Marco Polo existieren, sondern ein Mythos. Dieser Mythos würde am Ende nur noch wenig mit dem wirklichen Marco Polo zu tun haben.

Teste dich!

Wortarten und rund ums Verb

1 Markiere die Wortarten, die sich beugen lassen. (5 Punkte)

Verb Artikel Pronomen Konjunktion Adjektiv Nomen Adverb Präposition

2 Bilde zu den folgenden Infinitiven die angegebenen Verbformen. (4 Punkte)

Infinitiv		Infinitiv	
laufen (1. P. Sg. Präs.)	ich	geben (2. P. Sg. Prät.)	
singen (2. P. Sg. Prät.)		schwimmen (1. P. Pl. Plusquamp.)	

3 Welche der folgenden Wörter sind keine Adverbien? Streiche sie durch. (5 Punkte)

morgen • witzig • gern • dort • neben • schließlich • immer • bald • schnell • drinnen • sein • blau

4 Gib die beiden folgenden Aussagen in der indirekten Rede wieder. (2 Punkte)

A Vertreter der NASA bestätigten: „Die Reise zum Mond war für uns eine große Herausforderung."

B Die Reiseindustrie meint: „Weltraumreisen werden immer wahrscheinlicher, man braucht nur viel Geld."

5 Führe den folgenden Satz vollständig und grammatikalisch korrekt zu Ende. (1 Punkt)

Wenn die Menschen auf den Mond wohnten, *(sehen / den blauen Planeten von oben)*

6 Kreuze für jede der folgenden Aussagen an, ob sie richtig oder falsch ist. (3 Punkte)

	richtig	falsch
A Anders als Adjektive lassen sich Adverbien nicht flektieren.		
B Der Indikativ wird auch Möglichkeitsform genannt, weil das Gesagte als möglich gilt.		
C In der indirekten Rede wird ausschließlich der Konjunktiv I verwendet.		

7 Vergleiche deine Ergebnisse mit dem Lösungsheft (► S. 15). Jede richtige Antwort gibt einen Punkt.

☺ 20–13 Punkte	☺ 12–8 Punkte	☹ 7–0 Punkte
Gut gemacht!	Gar nicht schlecht! Wo hattest du Schwierigkeiten? Wiederhole die passenden Übungen auf den Seiten 31–44.	Du solltest noch einmal üben! Arbeite die Seiten 31–44 erneut durch.

Satzglieder unterscheiden – Geniale Erfindungen

Wissen und können | **Satzglieder erkennen und bestimmen – Die Umstellprobe**

- Mit der **Umstellprobe** stellst du fest, wie viele Satzglieder ein Satz hat.
  Die **Wörter, die** dabei **zusammenbleiben**, bilden **ein Satzglied**,
  z. B.: *Schon in früher Kindheit* *entwickelten* *manche berühmten Erfinder* *große Neuerungen.*
  Manche berühmten Erfinder *entwickelten* *schon in früher Kindheit* *große Neuerungen.*
- Zudem kannst du mit Hilfe der Umstellprobe **Sätze abwechslungsreicher gestalten,** indem du nicht stets mit demselben Satzglied deine Sätze in einem Text beginnst.
- Mit der **Frageprobe** ermittelst du, um welche Art von Satzglied es sich jeweils handelt, z. B.:

Frage:	Wer oder was?		Wann?	Wen oder was?
↓	↓		↓	↓
Satzglied:	Subjekt	Prädikat	adverbiale Bestimmung	Akkusativobjekt.

* Das **Prädikat** ist der Kern des Satzes und wird durch Verben gebildet. Mehrteilige Prädikate bilden eine **Prädikatsklammer.**

1 **Füge die folgenden Fachbegriffe für die Satzglieder im Schaubild an den richtigen Stellen ein:**
Objekte, Subjekt, adverbiale Bestimmungen, Prädikat, Dativobjekt, Genitivobjekt, temporal, kausal, modal, lokal, Akkusativobjekt, Präpositionalobjekt.

Satz
Satzglieder

- Subjekt — Wer oder was?
- Prädikat
- Objekte
  - Genitivobjekt — Wessen?
  - Präpositionalobjekt — Wofür? Worauf? Womit? Der Kasus richtet sich nach der Präposition beim Verb.
  - Akkusativobj. — Wen oder was?
  - Dativobjekt — Wem?
- Adverbiale adverbiale Bestimmung
  - Modaladverbiale — Wie? Auf welche Weise?
  - Kausaladv. — Warum?
  - Temporaladv. — Wann?
  - Lokaladv. — Wo?

Attribut
Erweiterung eines Satzglieds, z. B. des Subjekts, des Objekts, der adverbialen Bestimmung

2 **a Lies den folgenden Text über die Erfindung des Kaffeefilters.**

1 Früher kochte man gemahlenen Kaffee in heißem Wasser auf. 2 Beim Trinken blieb der Kaffeesatz zwischen den Zähnen hängen. 3 1908 beendete Melitta Bentz das unangenehme Kaffeesatztrinken. 4 Sie durchlöcherte den Boden eines Messingtopfes. 5 Dann suchte sie nach einem möglichst wasserdurchlässigen Papier. 6 Im Schulheft ihres Sohnes fand sie das geeignete Löschpapier. 7 Nun bot sie den gefilterten Kaffee ihrem Mann an. 8 Seitdem erfreut sich der Melitta-Filter großer Beliebtheit.

b Beantworte die folgenden Fragen zum Text auf Seite 45 und notiere die Antworten.
Tipp: Die Frageprobe und die Umstellprobe helfen dir dabei.

A Was sind in den Sätzen 1, 2 und 3 die Subjekte?

Satz 1: ____________________

B Enthält Satz 4 ein Dativobjekt oder ein Akkusativobjekt? ____________________

C Welches Objekt enthält Satz 5? ____________________

D Wie viele Satzglieder enthält Satz 6? ____________________

E Welche Arten von Objekten enthält Satz 7? ____________________

F Mit welchem Satzglied endet Satz 8? ____________________

3 Ordne den folgenden Verben oben die passende Präposition unten zu. Ziehe Verbindungslinien.
Tipp: Das Präpositionalobjekt (▶ S. 45) steht nach Verben, die fest mit einer Präposition verbunden sind, z. B.:
***lachen <u>über</u>, achten <u>auf</u>, warten <u>auf</u>.* Diese Präposition ist auch im Fragewort enthalten, z. B.:**
Die Erfinderin hofft sehr auf den Durchbruch. → Worauf hofft sie?

handeln	zweifeln	forschen	sich begnügen	flüchten
an	von	vor	mit	nach

4 Unterstreiche im folgenden Text sechs Präpositionalobjekte.

●●●

Nicht alle Menschen interessieren sich für neue Erfindungen. Dabei gibt es im Alltag unzählige Anlässe für Neuerungen. Jens (13 Jahre) aus Eichendorf zum Beispiel zweifelte an der Ehrlichkeit seiner Freunde. Nachdem er von seiner Zuneigung zu einem Mädchen erzählt hatte, schämte er sich auch schon. Sie schworen jedoch einen Eid, dass sie nichts verraten würden. Aber Jens war misstrauisch und erfand eine neue Maschine. Er verband ein Stück Gartenschlauch und einen Trichter, indem er beides mit Klebestreifen umwickelte. Fertig war das Fernabhörgerät! Am nächsten Schultag bewegte Jens den Schlauch samt Trichter vorsichtig und leise voran, bis dieser den Kreis der Jungen erreichte. Er wollte erfahren, über welches Thema seine Freunde sprachen. Es gelang. Jens lauschte und wartete gespannt auf den befürchteten Verrat. Seine Freunde allerdings lachten laut über ihn.

Mit adverbialen Bestimmungen genaue Angaben machen

Wissen und können **Adverbiale Bestimmungen** (Sg.: das Adverbiale; Pl. die Adverbialien)

- Adverbiale Bestimmungen sind **Satzglieder,** die zusätzliche Informationen über den **Ort (lokal),** die **Zeit (temporal),** den **Grund (kausal)** und die **Art und Weise (modal)** eines Geschehens oder einer Handlung liefern.
- Mit der **Frageprobe** könnt ihr ermitteln, welche adverbiale Bestimmung vorliegt.

Wann? Wie lange? Seit wann? Wie oft?	**temporale adverbiale Bestimmung (Zeit)**
Wo? Wohin? Woher?	**lokale adverbiale Bestimmung (Ort)**
Warum? Weshalb? Weswegen?	**kausale adverbiale Bestimmung (Grund)**
Wie? Auf welche Weise? Womit?	**modale adverbiale Bestimmung (Art und Weise)**

1 **a Ordne den adverbialen Bestimmungen Farben zu. Male dazu die Felder aus.**
b Unterstreiche im folgenden Text 12 adverbiale Bestimmungen in den vier Farben.

☐ temporale adv. Best. ☐ lokale adv. Best. ☐ kausale adv. Best. ☐ modale adv. Best.

Die Erfinderin mit Durchblick

Bei starkem Schneefall beobachtete die Amerikanerin Mary Anderson im Winter 1903 den Verkehr in New York. Die Fahrer der Straßenbahnen und der ersten Automobile mussten wegen der schlechten Sicht häufig stoppen, aussteigen und von Hand die Windschutzscheibe säubern. Diese lästige und nasse Fahrtunterbrechung konnte Mary Anderson problemlos abschaffen. Sie konstruierte einen Schwingarm mit Gummiblatt, der im Wageninneren mechanisch in Bewegung gesetzt wird: Der Scheibenwischer war erfunden. Auf Grund ihrer Neuerung konnte die geschickte Konstrukteurin im November 1903 ein Patent anmelden. Das praktische Bauteil ist heute in jedem Auto Standard.

2 **a Trage die folgenden adverbialen Bestimmungen passend in die Übersicht ein.**

an einer Sollbruchstelle • zuverlässig • in den Jahren 1913/14 • auf Grund vieler eigener Testflüge • exakt gefaltet • vor ihrer Neuerung

adverbiale Bestimmung			
temporal	lokal	kausal	modal

b Beantworte zum folgenden Text die Fragen in der Randspalte, indem du eine passende adverbiale Bestimmung aus der Übersicht zu Aufgabe 2 a auswählst und einträgst.

__________________________ erfand Katharina Paulus etwas, — *Wann?*

das nach ihr vielen Menschen das Leben retten sollte: das Fallschirmpaket.

______________________ waren Fallschirme sperrige und schwere — *Wann?*

Tücher, die sich nicht ______________ öffneten. K. Paulus verpackte den — *Wie?*

Fallschirm __________________________ in einen kleinen Sack, — *Wie?*

eine kleine Reißleine öffnete diesen ______________________, — *Wo?*

sodass er sich entfaltete. ______________________________ — *Warum?*

_______________ konnte sie ihre Erfindung immer perfekter gestalten.

3 ●●● **Erweitere jeden der folgenden Sätze durch alle vier Arten von adverbialen Bestimmungen. Schreibe die erweiterten Sätze auf.**

A Jede kluge Erfinderin tüftelt.

____

____

B Erfindungen entstehen.

____

____

C Ich möchte selbst etwas Tolles erfinden.

____

____

Das Attribut als Teil eines Satzglieds

Wissen und können **Attribute** (Beifügungen)

- Attribute **bestimmen ein Bezugswort** (meist ein Nomen) näher. Sie sind immer **Teil eines Satzglieds** und können bei der Umstellprobe (▶ S. 47) nur zusammen mit ihrem Bezugswort verschoben werden. Attribute können mehrteilig sein, sie stehen vor oder nach ihrem Bezugswort. Man kann sie mit *„Was für ...?"* erfragen.
- Attribute gibt es in unterschiedlichen sprachlichen Formen:
  - **Adjektivattribut,** z. B.: *eine **intelligente** Frau, die **kreative** Entwicklung,*
  - **präpositionales Attribut,** z. B.: *eine Maschine **zum Geschirrspülen,***
  - **Genitivattribut,** z. B.: *die Idee **der Erfinderin,** das Trocknen **des Geschirrs,***
  - **Apposition,** z. B.: *Margarete Steiff**, eine gelernte Schneiderin,** erfand den Teddy.*

  Tipp: Eine **Apposition** steht in der Regel zwischen **zwei Kommas.** Meist steht sie hinter dem Bezugswort.

1 **a Unterscheide in den folgenden Sätzen die Satzglieder, indem du sie mit senkrechten Strichen | voneinander abtrennst.**
b Wende die Umstellprobe an und notiere je einen Satz mit anderem Satzanfang.
Tipp: Bilde keine Fragesätze, sondern nur Aussagesätze.

A 1903 | nähte | Margarete Steiff | ein neues Spielzeug zum Schmusen.

B Der pelzige Teddybär erfreut sich bis heute großer Beliebtheit bei den Kindern.

C Josephine Cochran, eine Amerikanerin, erfand 1886 einen hilfreichen Küchenautomaten.

D Der Geschirrspülautomat mit Motor ersetzte mühsames Spülen von Hand.

E Windelwechseln ohne Mühe verdanken Eltern der experimentierfreudigen Marion Donovan.

F Nach der Erfindung des Windelhöschens entwickelte sie die praktische Windel zum Wegwerfen.

2 **a Prüfe für die Sätze in Aufgabe 1, welche Satzglieder Attribute umfassen, und unterstreiche diese Attribute.**
b Kennzeichne mit einem Pfeil, auf welches Bezugswort sich das jeweilige Attribut bezieht, z. B.:

1903 | nähte | Margarete Steiff | ein <u>neuartiges</u> Spielzeug <u>zum Schmusen</u>.

Wort und Bedeutung – Von „Ball zu Ball“

Homonyme und Synonyme

Wissen und können **Das Synonym** (Pl. die Synonyme)

- Wörter mit **gleicher oder ähnlicher Bedeutung** werden als **Synonyme** bezeichnet.
- Mit Hilfe von Synonymen kann man seine **Ausdrucksweise abwechslungsreicher** und **treffender** gestalten, indem man berücksichtigt, welche **zusätzlichen Vorstellungen** mit Begriffen eines Wortfeldes verbunden sind, z. B.: zu *essen → speisen, fressen, sich ernähren.*
- Wörter mit **gegensätzlicher Bedeutung** heißen **Antonyme,** z. B.: *flüstern ⟷ brüllen.*

1 **Je zwei der folgenden Adjektive haben eine gleiche oder eine sehr ähnliche Bedeutung. Notiere die Wortpaare und ergänze sie jeweils durch ein drittes Synonym.**

~~freundlich~~ • ~~kostspielig~~ • gegnerisch • brenzlig • liebenswürdig • besonnen • ehrlich • ~~unerschwinglich~~ • vorsichtig • feindselig • rechtschaffen • bedrohlich

kostspielig	unerschwinglich	teuer
freundlich		

2 ●●● **Prüfe, welche Ausdrücke unterschiedslos verwendet werden können bzw. welche Wörter eine nur ähnliche Bedeutung tragen. Markiere Ausdrücke, die du unterschiedslos verwenden würdest, mit der gleichen Farbe.**

Wissen und können **Das Homonym** (Pl. die Homonyme)

- Wörter, die **gleich klingen und geschrieben werden, aber unterschiedliche Bedeutungen** haben, nennt man **Homonyme.**
- Ihre Bedeutung kann oft nur im **Sinnzusammenhang** geklärt werden, z. B.: *Ball (1. Spielgerät, 2. Tanzveranstaltung): 1. Wir spielen Ball. 2. Wir gehen auf einen Ball.*

3 **Der Witz in dem folgenden Gedicht beruht auf der Verwendung eines Homonyms. Erkläre das Gedicht, indem du das Homonym herausfindest und seine unterschiedlichen Bedeutungen notierst.**

Heinz Erhardt (1909–1979)

Der Stier

Ein jeder Stier hat oben vorn
auf jeder Seite je ein Horn;
doch ist es ihm nicht zuzumuten,
auf so 'nem Horn auch noch zu tuten.
Nicht drum, weil er nicht tuten kann,
nein, er kommt mit dem Maul nicht 'ran!

Homonym: ______________________

Bedeutung 1: ______________________

Bedeutung 2: ______________________

4 ●●● **Verfasse in deinem Heft einen eigenen witzigen Text mit einem Homonym.**
Tipp: Verwende z. B. die Begriffe „Mutter“, „Bulle“ oder „Nagel“.

Fachwortschatz erkennen und übersetzen

Wissen und können | **Die Fachsprache**

Menschen, die sich **in einem bestimmten Fachgebiet,** zum Beispiel einer Sportart oder einem Berufsfeld, auskennen, verfügen häufig über **spezielle Wörter zur genaueren Verständigung** in einem Fachbereich. Dieses Fachvokabular wird als **Fachsprache** bezeichnet.

1 **Markiere in dem folgenden Lexikonauszug zur Werbesprache alle dir unbekannten Fachwörter.**

Werbeagenturen verwenden und entwickeln Mittel der Kommunikation, die dazu dienen, den Kunden anzusprechen. Dies nennt man Werbesprache. Das Marketing kennt viele Begriffe, die Fachfremden zunächst seltsam erscheinen mögen, z. B. wenn von „Claims" oder „Brand Loyalty" die Rede ist. Auch in Werbespots wird eine völlig eigene Sprache verwendet, die in Verbindung von Text und Bild zum Ausdruck kommt. Ziel der Werbung ist es, die einzelnen Aspekte so miteinander zu verknüpfen, dass das Produkt vom potenziellen Kunden positiv aufgenommen wird.

2 **Recherchiere diese Ausdrücke in einem Lexikon oder im Internet und erläutere sie im Heft, z. B.:**

- *Werbeagentur: eine Firma, die z. B. Produkte durch Werbung vermarktet bzw. anpreist.*
- *Kommunikation = …*

Abstrakta und Konkreta erkennen und unterscheiden

Wissen und können | **Konkreta und Abstrakta**

- Als **Konkretum** (Pl. Konkreta) bezeichnet man ein Nomen, das **etwas Gegenständliches** benennt, das mit den Sinnen wahrnehmbar ist, z. B.: *das Werbeplakat, die Litfaßsäule.*
- Das **Abstraktum** (Pl. Abstrakta) ist der **Gegenbegriff zum Konkretum.** Abstrakta sind Nomen, die insbesondere **Ideen, Vorgänge, Eigenschaften** oder **Gefühle** bezeichnen, z. B.: *die Planung, der Geiz, das Verlangen, die Freiheit.*

1 **Unterscheide folgende Begriffe in Konkreta und Abstrakta und ordne sie in die folgende Tabelle ein.**

Produkt • Kunde • ~~Marketing~~ • ~~Werbetexter~~ • Kaufwunsch • Anzeige • Werbespot • Versprechen • Vorfreude • Geldschein • Marktschreier • Prospekte • Autoverkäufer • Kaufrausch

Abstrakta	Konkreta
Marketing, …	*Werbetexter, …*

2 **Ergänze je Tabellenspalte mindestens drei weitere Begriffe aus dem Bereich der Werbung.**

Texte überarbeiten mit Hilfe von Proben

Wissen und können | **Texte mit Hilfe der Textlupe überarbeiten**

Die folgenden **Proben** helfen dir, **Texte stilistisch zu verbessern.**

- Mit der **Umstellprobe** kannst du **Satzanfänge abwechslungsreich gestalten,** z. B. die Satzanfänge:
  Manche berühmten Erfinder | entwickeln | schon als kleines Kind | große Neuerungen.
  Schon als kleines Kind | entwickeln | manche berühmten Erfinder | große Neuerungen.
- Mit der **Ersatzprobe** lassen sich **Wortwiederholungen vermeiden,** z. B.:
  ~~Manche berühmten Erfinder~~ Sie kommen auf verblüffende Ideen.
- Mit der **Weglassprobe** kannst du **Texte straffen** und **unnötige Wiederholungen vermeiden,** z. B.:
  Sie entwickeln schon als ~~kleines~~ Kind große Neuerungen.
- Mit der **Erweiterungsprobe** lässt sich prüfen, ob man (mit Attributen oder adverbialen Bestimmungen) **genauer und anschaulicher schreiben kann,** z. B.:
  Sie entwickeln manchmal schon als Kind große Neuerungen mit überraschender Wirkung.

1 **a Eine Schülerin hat sich mit witzigen Erfindungen aus Japan beschäftigt.**
Lies den folgenden Text, in dem sie ihre Informationen zusammengefasst hat.

„Chindogu" bedeutet auf Japanisch „seltsames Gerät". Chindogus sind hervorragende Erfindungen. Ein Chindogu löst ein alltägliches Problem hervorragend und ungewöhnlich. Chindogus sind aber oft auch ziemlich peinlich.

b Beschreibe, was an diesem Text noch nicht gelungen ist.

____

____

c Überarbeite den Text mit Hilfe der Umstell-, der Ersatz- und der Weglassprobe.
Arbeite in deinem Heft.

2 **Ein Schüler hat einen besonderen Hut beschrieben.**
Sein Lernpartner hat bereits notiert, welche Informationen einem Leser fehlen.
Wende die Erweiterungsprobe an und beschreibe den Hut mit Hilfe der Abbildung genauer.
Schreibe den überarbeiteten Text in dein Heft.

Ein Chindogu

Dieser ? Hut ist sehr praktisch. *Was für ein Hut?*

Wenn Heuschnupfenallergiker das Haus verlassen, wird der Taschentuchhalter ? befestigt. *Wo?*

Das längste Taschentuch der Welt rollt sich ? ab. *Wie?*

Die Hutträger können sich ? die Nase putzen. *Wann?*

Der Papiervorrat ? kann immer wieder nachgefüllt werden.

Was für ein Papiervorrat? (Apposition)

Teste dich!

Satzglieder und Attribute

1 Im folgenden Text sind einige Satzglieder unterstrichen.

a Bestimme diese Satzglieder und notiere ihre Bezeichnung unter dem Text. (6 Punkte)

b Manche der unterstrichenen Satzglieder umfassen Attribute.
Kreise diese Attribute ein. (5 Punkte)

Leinwandgöttin mit Erfindergeist

Der Hedy-Lamarr-Preis A <u>wird verliehen</u> für besondere Leistungen von Frauen auf dem Gebiet der Nachrichtentechnik. B <u>Hedy Lamarr, die Namensgeberin</u>, war ein Hollywoodstar der 1930er und 1940er Jahre. C <u>Ihren Tüfteleien</u> verdanken wir das Frequenzsprungverfahren, das heute der LAN- und Bluetooth-Technik zugrundeliegt. D <u>Auf Grund synchroner Frequenzwechsel bei Sender und Empfänger</u> verhindert dieses Verfahren E <u>das Abhören oder Stören eines Funksignals</u>. Hedy Lamarr und ihr Partner George Antheil setzten F <u>während der Datenübermittlung mittels Funk</u> 88 Kanäle ein.

A ______________ B ______________ C ______________

D ______________ E ______________ F ______________

2 Ordne die in Aufgabe 1 umkreisten Attribute in die folgende Tabelle ein. (5 Punkte)

Adjektivattribut	Apposition
Genitivattribut	**präpositionales Attribut**

Hedy Lamarr (1914–2000)

3 Kreuze für jede Aussage A bis C die richtige Ergänzung an. (3 Punkte)

A Kein Satzglied ist ☐ das Präpositionalobjekt, ☐ die Apposition, ☐ die adverbiale Bestimmung.

B Es gibt keine adverbiale Bestimmung ☐ des Ortes, ☐ des Grundes, ☐ der Präposition.

C Es gibt ☐ keine adverbiale Bestimmung des Genitivs, ☐ kein Genitivattribut, ☐ kein Genitivobjekt.

4 Vergleiche deine Ergebnisse mit dem Lösungsheft (▶ S. 18). Für jede richtige Antwort erhältst du einen Punkt.

☺ 19–16 Punkte	😐 15–10 Punkte	☹ 9–0 Punkte
Gut gemacht!	Gar nicht schlecht! Wo hattest du Schwierigkeiten? Wiederhole die passenden Übungen auf den Seiten 47–51.	Du solltest noch einmal üben! Arbeite die Seiten 47–51 erneut durch.

Satzreihe und Satzgefüge – Beste Ideen

Wissen und können — **Die Satzreihe** (Hauptsatz + Hauptsatz)

- Ein Satz, der aus **zwei oder mehr Hauptsätzen** besteht, wird **Satzreihe** genannt. Die einzelnen Hauptsätze werden durch ein **Komma** voneinander getrennt.
- Häufig werden Hauptsätze durch **nebenordnende Konjunktionen** wie ***und, oder, aber, doch, sondern, denn*** miteinander verbunden. Nur vor den **Konjunktionen *und*** bzw. ***oder* darf das Komma entfallen,** z. B.:
  Jugendliche Erfinder erhalten Geld, ***denn*** *die Jury unterstützt ihre Kreativität.* (Komma notwendig)
  Die Erfinder-Teams überzeugen die Jury(,) ***oder*** *sie scheiden bereits in der Vorrunde aus.* (Komma möglich)

1 **a Setze im folgenden Text die fehlenden Kommas.**
b Unterstreiche die nebenordnenden Konjunktionen in den Satzreihen.

VORSICHT FEHLER!

Die IdeenExpo ist ein Naturwissenschafts- und Technik-Event für Schülerinnen und Schüler diese Veranstaltung findet alle zwei Jahre in Hannover statt. Die Aussteller präsentieren im „größten Klassenzimmer der Welt“ Wissenschaft und Technik zum Anfassen und Mitmachen denn sie möchten das Interesse Jugendlicher wecken. Schülerinnen und Schüler können als Besucher zur IdeenExpo reisen aber einige Jugendliche dürfen auch eigene Nachwuchsprojekte präsentieren. Bis zu 25 Schüler-Teams werden als Aussteller eingeladen doch sie müssen vorher ihren Erfindergeist im Wettbewerb „Ideenfang“ unter Beweis stellen. Die Sieger vergangener Jahre haben den „sprechenden Schulweg“ entwickelt oder sie haben sturmsichere Regenschirme nach dem Vorbild großer Palmblätter konstruiert. Bei der Auswahl der Jury zählen nicht nur eine innovative Idee und deren technische Umsetzung sondern das Projekt muss auf der IdeenExpo auch Möglichkeiten zum Ausprobieren und Mitmachen anbieten. Gefällt dir eher ein ferngesteuerter Rennbesen oder überzeugt dich der solarbetriebene Schlittschuhwärmer?

2 **Füge mit Hilfe passender nebenordnender Konjunktionen die folgenden Sätze zu sinnvollen Satzreihen zusammen. Nutze Konjunktionen aus dem „Wissen und können“ oben.**

A Bis 2011 konnten nur Jugendliche aus Niedersachsen am „Ideenfang“ teilnehmen.
Seit 2013 dürfen alle erfindungsreichen Schülerteams ihre Projekte einreichen.

B Die Gewinner-Teams der Zwischenrunde erhalten bereits eine Unterstützung in Höhe von 600 Euro.
Sie müssen eine Präsentation ihres Projektes für die IdeenExpo vorbereiten.

C Die Sieger bekommen nicht nur ein Preisgeld.
Ihnen wird auch ein Ausflug in die Welt der Technik spendiert.

Wissen und können **Das Satzgefüge** (Hauptsatz + Nebensatz)

- Ein **Satzgefüge** besteht aus **mindestens einem Hauptsatz (Hs) und einem Nebensatz (Ns)**.
  Zwischen Haupt- und Nebensatz muss **immer ein Komma** stehen.
- Nebensätze haben folgende **Kennzeichen:**
  - Ein Nebensatz kann **nicht ohne einen Hauptsatz** stehen.
  - Der Nebensatz ist dem Hauptsatz untergeordnet. Er wird meist durch eine **unterordnende Konjunktion** (z. B. *weil, nachdem, obwohl, wenn*) oder ein **Relativpronomen** (z. B. *der, die, das, welcher*) eingeleitet.
  - Die **Personalform des Verbs** (das gebeugte Verb) steht im Nebensatz immer **an letzter Satzgliedstelle.**
  - Ein Nebensatz kann **vorangestellt, eingeschoben** oder **nachgestellt** werden, z. B.:

Eine Schule wird „Erfindergymnasium" genannt, weil man dort das Fach „Erfinden" wählen kann.

——— Hs ———, (Konjunktion) ——— Ns ———.

Weil man dort das Fach „Erfinden" wählen kann, wird eine Schule „Erfindergymnasium" genannt.

(Konjunktion) ——— Ns ———, ——— Hs ———.

Eine Schule wird, weil man dort das Fach „Erfinden" wählen kann, „Erfindergymnasium" genannt.

——— Hs ———, (Konjunktion) ——— Ns ———, ——— Fortsetzung Hs ———.

3 **Untersuche die folgenden Sätze A bis E.**

a **Umkreise jeweils in beiden Teilsätzen die Personalform des Verbs.**

b **Unterstreiche den Nebensatz.**

c **Markiere die Konjunktion oder das Relativpronomen, das den Nebensatz einleitet.**

d **Zeichne zu jedem Satz einen Satzbauplan, z. B.:**

Weil die Schülerinnen und Schüler nichts für unmöglich halten, erfinden sie die tollsten Dinge.

(Konjunktion) ——— Ns ———, ——— Hs ———.

A Ein Schüler hat, nachdem er selbst einen Gips tragen musste, einen juckfreien Gipsverband erfunden.

B Eine Gruppe hat ein Handyladegerät für Fahrräder entwickelt, sodass man beim Treten das Handy auflädt.

C Damit die Füße beim Schifahren nicht überraschend erfrieren, wurde ein Erfrierschutzalarm entwickelt.

D Eine Alarmanlage, die am Hasenstall angebracht wird, soll verhindern, dass Marder die Tiere töten.

E Wenn die Tüte mit Schimmelflecken bedruckt ist, wird sicher niemand mehr das Pausenbrot stehlen.

Relativsätze als Attribute in Form eines Nebensatzes

Wissen und können **Mit einem Relativsatz Bezugswörter näher erklären** (auch: Attributsatz)

- **Relativsätze sind Nebensätze,** die ein **vorausgehendes Bezugswort** (Nomen oder Pronomen) **näher erklären.** Sie werden mit einem **Relativpronomen eingeleitet,** z.B.: *der, die, das, welcher, welche, welches.*
- Ein Relativsatz wird immer durch ein **Komma** vom Hauptsatz getrennt. **Eingeschobene Relativsätze** werden durch **zwei Kommas** abgetrennt, z.B.:
  Ein Nebensatz, der ein Bezugswort näher beschreibt, heißt Relativsatz.
- Relativsätze nehmen im Satz die **Rolle eines Attributs** ein und werden deshalb auch **Attributsätze** genannt. Sie stellen **kein eigenes Satzglied** dar.

1 **a Berichtige den folgenden Text, indem du die fehlenden Kommas setzt.**
b Unterstreiche jeden Relativsatz, umkreise jeweils das Relativpronomen und markiere das Bezugswort des Relativsatzes.

„Experimente antworten" ist ein Schülerwettbewerb, den es seit 2003 in Bayern gibt. Hierbei werden Schülerinnen und Schülern die daran freiwillig teilnehmen Aufgaben gestellt die besonders pfiffige Lösungen benötigen. 2016/2017 musste zum Beispiel aus 25 Strohhalmen eine möglichst hohe Konstruktion gebaut werden welche einen Becher trägt der mit 0,1 Liter Wasser gefüllt ist. In einer weiteren Versuchsreihe mussten die Teilnehmer Stoffe ermitteln welche das Keimen von Kresse erschweren. Die kniffligen Experimentieraufgaben die innerhalb einer vorgegebenen Zeit bearbeitet werden müssen können mit Materialien und Stoffen die in einer Drogerie oder einem Baumarkt erhältlich sind bewältigt werden. Schülerinnen und Schüler die hervorragende Leistungen erbringen erhalten einen Superpreis der im Ehrensaal des Deutschen Museums München verliehen wird.

2 **a Forme die unterstrichenen Attribute in Relativsätze um.**
b Umkreise die Relativpronomen und achte auf die Zeichensetzung.

A Schülerinnen und Schüler mit Freude am Experimentieren sind bei diesem Wettbewerb gefragt.

Schülerinnen und Schüler, die

B Die teilnehmenden Schüler und Schülerinnen werden häufig von einem engagierten Lehrer betreut.

C Eine Jury bewertet die eingereichten Lösungen.

D Am Wettbewerb interessierte Jugendliche können sich bei ihrer Natur-und-Technik-Lehrkraft informieren.

Gliedsätze unterscheiden – Naturphänomene

Mit Adverbialsätzen Zusammenhänge herstellen

Wissen und können | **Die Adverbialsätze**

- Je nach Funktion im Satz unterscheidet man **unterschiedliche Arten von Nebensätzen.** Nebensätze können die **Stelle von Satzgliedern** übernehmen. Man nennt sie dann auch **Gliedsätze.**
- **Adverbialsätze sind Gliedsätze,** weil sie die **Stelle einer adverbialen Bestimmung** einnehmen, z. B.:
  Wegen eines Fehlers in der Versuchsanordnung stand der Lehrer plötzlich triefnass da.
  adverbiale Bestimmung
  ↓
  Weil ein Fehler in der Versuchsanordnung war, stand der Lehrer plötzlich triefnass da.
  Adverbialsatz (mit einleitender Konjunktion *weil)*
- Adverbialsätze werden meist mit einer **unterordnenden Konjunktion** eingeleitet. Sie können nicht ohne Hauptsatz stehen und werden **immer** durch ein **Komma** von diesem abgetrennt.

1 **Umkreise in den folgenden Sätzen die Konjunktionen und zeichne Satzbaupläne (▸ S. 55).**

Nachdem man ein Glas bis oben mit Wasser gefüllt hat, legt man eine Postkarte darauf.

(Konjunktion) _____ Ns _____, _____ Hs _____.

A Nun muss man das Glas umdrehen, während man die Postkarte festhält.

B Wenn man jetzt die Postkarte loslässt, bleibt sie am Glas kleben.

2 **a Erkläre den in Aufgabe 1 beschriebenen Vorgang:**
Verbinde die folgenden Sätze mit Hilfe der angebotenen *Konjunktionen* zu Satzgefügen.
Schreibe diese auf und achte auf die Kommasetzung.
b Unterstreiche in deinen Satzgefügen jeweils den Adverbialsatz und umkreise die Konjunktion.

A Die Postkarte klebt am Glas. Die Luft drückt stärker von unten als das Wasser von oben. [weil]

B Die Postkarte sitzt ganz fest am Glasrand. Die Luft kann nicht eindringen. [sodass]

C Es darf keine Luft ins Glas kommen. Das Experiment gelingt. [damit]

D Der Versuch wird im luftleeren Raum aufgebaut. Das Experiment misslingt. [wenn]

Wissen und können **Arten von Adverbialsätzen**

Mit der **Frageprobe** kannst du ermitteln, welche **Art von Adverbialsatz** vorliegt:

Adverbialsatz	Frageprobe	Konjunktionen	Beispiel
Temporalsatz (Zeit)	Wann ...? Seit wann ...? Wie lange ...?	*nachdem, als, während, bis, bevor, solange, sobald, seit ...*	*Solange es Menschen gibt*, nutzen sie Wasser.
Kausalsatz (Grund)	Warum ...?	*weil, da*	*Weil Wasser nass ist*, ist es zum Waschen nützlich.
Konditionalsatz (Bedingung)	Unter welcher Bedingung ...?	*wenn; falls; sofern; unter der Bedingung, dass*	*Wenn Wasser fest ist*, eignet es sich zum Kühlen.
Konsekutivsatz (Folge)	Mit welcher Folge ...?	*sodass (auch: so ..., dass)*	Wassermassen sind viel stärker als der Mensch, *sodass Wasser schnell lebensgefährlich werden kann.*
Finalsatz (Absicht, Zweck)	Wozu ...?	*damit*	Menschen stauen Wasser, *damit sie Strom gewinnen können.*
Modalsatz (Art und Weise)	Wie ...?	*indem; dadurch ..., dass; ohne dass; als (ob)*	*Indem Menschen Grundwasservorräte schützen*, erhalten sie ihre wichtigste Lebensgrundlage.
Konzessivsatz (Einräumung)	Trotz welcher Umstände ...?	*obwohl, obgleich obschon, selbst wenn*	Aber Wasser wird häufig verschwendet, ... *obwohl es lebensnotwendig ist.* ... *selbst wenn es knapp ist.*
Adversativsatz (Gegensatz)	Anstatt was? Im Gegensatz wozu?	*während, wohingegen, indessen*	*Während manche Menschen Wasser verschwenden*, herrscht in vielen Gegenden Knappheit.

3 Bestimme, was die in dem folgenden Text unterstrichenen Angaben erklären.
- **a Führe die Frageprobe durch und notiere die Fragewörter in der Randspalte.**
- **b Prüfe für jede unterstrichene Angabe, worum es sich handelt, und trage ein: *aB* (adverbiale Bestimmung) oder *As* (Adverbialsatz).**

Die Haut des Wassers

Beobachtung: Nachdem du ein Glas randvoll mit Wasser gefüllt hast [As], lässt du vorsichtig Münzen ins Wasser fallen. Das Wasser bildet über dem Glas [ ] eine Kuppe und läuft nicht über, obwohl es nun übervoll ist [ ]. — Wann?

Erklärung: Da die Wassermoleküle sich stark anziehen und zusammenhalten [ ], entsteht an der Oberfläche [ ] eine Art gespannte Haut. Eine solche Oberflächenspannung lässt sich auf den meisten Flüssigkeiten [ ] beobachten. Auf einer glatten Oberfläche [ ] formt sie Tropfen, indem sie Wasser zusammenzieht [ ].

4 **a Unterstreiche in den folgenden Sätzen die Adverbialsätze und umkreise darin die Konjunktionen.**
b Bestimme mit Hilfe der Frageprobe, um welche Art von Adverbialsatz es sich handelt. Notiere dies.

A Die Menschen suchen nach neuen Energiequellen, damit sie umweltfreundlichen Strom gewinnen können.

Frage: ______________________________

Art des Adverbialsatzes: ______________________________

B Auch die Kraft der Wellen wird seit 200 Jahren erforscht, obwohl sie sehr unberechenbar ist.

Frage: ______________________________

Art des Adverbialsatzes: ______________________________

C Die Wellenkraft wird genutzt, indem das Hin und Her des Wassers in eine Drehbewegung verwandelt wird.

Frage: ______________________________

Art des Adverbialsatzes: ______________________________

D Während Windkraft nicht zuverlässig ist, erweist sich die Wasserkraft als beständige Energiequelle.

Frage: ______________________________

Art des Adverbialsatzes: ______________________________

5 **Ersetze in Satz A zu Aufgabe 4 die Konjunktion *damit* durch *sodass*.**
●●● **Erkläre in deinem Heft, wie sich der Sinn des Satzes verändert.**

6 **a Unterstreiche wie im Beispiel A auch in den folgenden Sätzen die adverbialen Bestimmungen.**
b Wandle sie in Adverbialsätze um. Verwende passende Konjunktionen und achte auf die Kommasetzung.

A Auf Grund der Oberflächenspannung von Wasser können Wasserläufer über ein Gewässer krabbeln.

Weil ______________________________

B Allerdings gehen die Insekten beim Durchstoßen der „Wasserhaut" unter.

____

C Durch Ausnutzung der Oberflächenspannung kannst du Nadeln oder Büroklammern auf Wasser legen.

____

D Das Experiment mit der schwimmenden Büroklammer scheitert bei der Verwendung von Spülmittel.

____

E Wegen der verringerten Oberflächenspannung geht die Büroklammer dann unter.

____

7 **In Satz A zu Aufgabe 6 wird eine Begründung genannt. Notiere im Heft, wie sich der Satz formal verändert,**
●●● **wenn du stattdessen die Konjunktion *denn* verwendest.**
Tipp: Zeichne für beide Satzvarianten Satzbaupläne.

Wissen und können | **Mit Temporalsätzen Zeitverhältnisse ausdrücken**

- **Temporalsätze sind Adverbialsätze,** die ein **Zeitverhältnis** ausdrücken. Sie geben an, wann sich das Geschehen im Verhältnis zum Geschehen im Hauptsatz vollzieht.
  Dabei kann **zwischen Vorzeitigkeit, Gleichzeitigkeit und Nachzeitigkeit unterschieden** werden, z. B.:

Hauptsatz: *Die Schüler erkennen die Gefährlichkeit von Wasser, ...*
Temporalsätze

... nachdem sie Wasser in heißes Fett geschüttet haben..	*... während sie die Fettexplosion beobachten.*	*... bevor sie endlich das Feuer mit einem Glasdeckel ersticken.*
← **Vorzeitigkeit:** Das Ereignis im Temporalsatz liegt vor dem Ereignis im Hauptsatz.	↓ **Gleichzeitigkeit:** Das Ereignis im Temporalsatz verläuft gleichzeitig mit dem Ereignis im Hauptsatz.	→ **Nachzeitigkeit:** Das Ereignis im Temporalsatz findet nach dem Ereignis im Hauptsatz statt.

8 **Untersuche den folgenden Text.**
Unterstreiche die Temporalsätze und umkreise die dazugehörigen Konjunktionen.

Wasser als Gefahr

Stell dir diese alltägliche Situation vor: Während Ben in der Küche seine Fischstäbchen brutzelt, klingelt sein Handy. Sein Freund Yannick hatte versprochen sich zu melden, sobald er mit den Hausaufgaben fertig ist. Nun plaudern die beiden am Telefon, bis Ben aus der Küche einen beißenden Geruch wahrnimmt. Nachdem er sich hastig von Yannick verabschiedet hat, stürzt Ben zurück an den Herd. Als er die brennende Pfanne sieht, greift er sofort zur Flasche Mineralwasser auf dem Küchentisch. Er schüttet das Wasser auf die verkohlten Fischstäbchen in die Pfanne. Ehe er die Flasche abstellen kann, breitet sich in der Küche ein gewaltiger Feuerball aus.
Brechen wir an dieser Stelle das Gedankenexperiment ab, bevor Ben sich schwere oder sogar tödliche Verletzungen zuzieht. Was ist passiert? In dem Moment, als Ben das Wasser in das brennende Fett geschüttet hat, ist das Wasser schlagartig verdampft. Dabei entstehen aus einem halben Liter Wasser ungefähr 850 Liter Wasserdampf. Der Wasserdampf schleudert das brennende Fett aus der Pfanne heraus, sodass es sich in der ganzen Küche verteilt. Seit Ben im Chemieunterricht Experimente zur Fettexplosion ausgewertet hat, weiß er, wie er auf brennende Pfannen reagieren sollte: Dem Feuer muss mit einem Deckel die Sauerstoffzufuhr entzogen werden.

9 ●●● **Bestimme für jeden Temporalsatz im Text zu Aufgabe 8, ob das Ereignis gleichzeitig mit, vor oder nach dem Ereignis im Hauptsatz stattfindet. Ordne die temporalen Konjunktionen dementsprechend in die Tabelle ein.**

Vorzeitigkeit	Gleichzeitigkeit	Nachzeitigkeit
	während	

Teste dich!

Satzgefüge

1 **Lies vor Bearbeitung der weiteren Aufgaben die folgende Versuchsbeschreibung.**

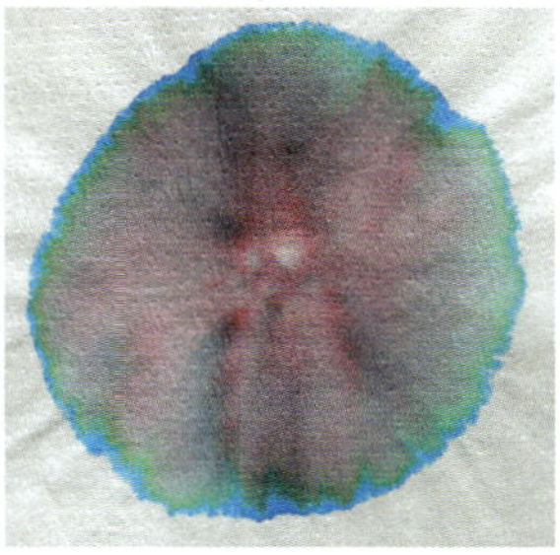

Versuch: Buntes Schwarz

A Du benötigst einen wasserlöslichen schwarzen Filzstift, Löschpapier, etwas Wasser, einen alten Teller und eine Pipette. B Falls du keine Pipette hast, kannst du die Flüssigkeit auch vorsichtig von einem Löffel tropfen. C Bevor du beginnst, musst du aus dem Löschpapier einen tellergroßen Kreis ausschneiden. D Damit dein Tisch sauber bleibt, lege nun das Löschpapier auf den Teller. E Male in der Mitte mit dem schwarzen Stift ein Muster, das höchstens einen Durchmesser von zwei Zentimetern hat. F Tropfe nun Wasser in die Mitte des Löschpapiers, ohne dass das ganze Papier nass wird. G Sofern du alle Anweisungen genau befolgt hast, kannst du nun die Veränderungen auf dem Papier beobachten.

Beobachtung: H Nachdem sich die ersten Tropfen in das Löschpapier gesaugt haben, entsteht ein interessantes Muster. I Das Schwarz wird mit dem Wasser auf dem Papier verteilt. J Die Farbe verändert sich, während das Wasser sich nach außen verteilt.

Erklärung: K Schwarz besteht aus verschiedenen Farben. L Diese Farben werden bei dem Experiment getrennt, indem die Farbe in Wasser gelöst wird. M Die unterschiedlichen Farben lösen sich aber unterschiedlich gut im Wasser, sodass die einen schneller, die anderen langsamer auf dem Löschpapier bewegt werden. N Dadurch sieht man sie auf dem Löschpapier jetzt nebeneinander, und man kann nun erkennen, aus welchen Farben der Schwarzstift besteht.

2 **Die folgenden Buchstaben beziehen sich auf die Versuchsbeschreibung von Aufgabe 1. Bestimme für jeden angegebenen Satz die Art des Gliedsatzes. (6 Punkte)**

Satz B ______________________ Satz G ______________________

Satz D ______________________ Satz L ______________________

Satz F ______________________ Satz M ______________________

3 **Die Versuchsbeschreibung zu Aufgabe 1 enthält drei Temporalsätze: Bestimme ihr Zeitverhältnis zum Hauptsatz und trage die Buchstaben richtig ein. (3 Punkte)**

Vorzeitigkeit: ____ Gleichzeitigkeit: ____ Nachzeitigkeit: ____

4 **a Ein Satzgefüge der Versuchsbeschreibung enthält einen Relativsatz. Notiere seinen Buchstaben.**
b Wandle den Relativsatz in ein Attribut um. Schreibe den neuen Satz auf. (2 Punkte)

Satz ____ : ____

____

5 **Vergleiche deine Ergebnisse mit dem Lösungsheft (► S. 20). Für jede richtige Antwort erhältst du einen Punkt.**

☺ 11–9 Punkte	😐 8–6 Punkte	☹ 5–0 Punkte
Gut gemacht!	Gar nicht schlecht! Wo hattest du Schwierigkeiten? Wiederhole die passenden Übungen auf den Seiten 54–60.	Du solltest noch einmal üben! Arbeite die Seiten 54–60 erneut durch.

Was kannst du schon? – Rechtschreibung

1 Unterstreiche im folgenden Text zehn Wörter, die großgeschrieben werden müssen. (10 Punkte)

VORSICHT FEHLER!

Die Freizeitgestaltung von kindern in deutschland ist sehr vielfältig. Diese richtet sich nach persönlichen interessen, Begabungen und dem Angebot im näheren wohnumfeld. Auch freunde und die Eltern haben einfluss auf die Wahl der Freizeitaktivitäten. Kinder orientieren sich hierbei auch manchmal an vorbildern aus dem Bereich des Sports oder der literatur. Je nach alter, Geschlecht und Schulart haben Kinder ein unterschiedliches maß an Freizeit.

2 Prüfe für die unterlegten Wörter, ob es sich um Nominalisierungen handelt, und umkreise den richtigen Anfangsbuchstaben. (7 Punkte)

Eine beliebte Freizeitaktivität ist das T/treffen mit Freunden und das gemeinsame S/spielen. Hierbei ist durchaus auch mal E/entspannen angesagt. Oftmals wollen Kinder mit Freunden auch zusammen F/fernsehen oder am Computer S/spielen. Auch die Teilnahme an Freizeitangeboten von Vereinen muss man beim genaueren B/betrachten des Freizeitverhaltens von Kindern B/berücksichtigen.

3 In diesem Text verstecken sich fünf Adjektive, die kleingeschrieben werden müssen. Umkreise sie. (5 Punkte)

VORSICHT FEHLER!

Die Frage, welche Freizeitaktivität die Beliebteste ist, kann man nur Schwer beantworten. Jüngere Kinder verbringen ihre Freizeit auch noch gern mit ihrer Familie und möchten am Liebsten etwas Schönes zusammen machen. Ab etwa zwölf Jahren ist der Freundeskreis als Bezugsgruppe am Wichtigsten. Das Größte ist dann für viele Jugendliche das Gemeinsame Sporttreiben in Vereinen.

4 Trenne die Wörter und schreibe die beiden Sätze in richtiger Groß- und Kleinschreibung auf. (4 Punkte)

samstagshatberndvielzutun:vomittagsgehterzumbrötchenkaufenundjedensamstagnachmittagkommenseinefreundezumspielenvorbei.

5 Trage im folgenden Text die fehlenden Konsonanten ein. (10 Punkte)

Nicht a____e Jugendlichen wi____en mit ihrer freien Zeit etwas Intere____antes anzufangen.

Einige hä____en mü____isch in ihrem Zi____er herum, ohne irgendetwas anzupa____en.

Auf der a____deren Seite gibt es viele, die gestre____t von einem Termin zum nächsten he____en.

6 **Prüfe die Schreibweise der folgenden Wörter und trage sie richtig in die nachstehende Tabelle ein. (10 Punkte)**

die Minu?te   der Ra?men   die Za?l   pla?nen   ausfü?rlich

die Belo?nung   das Wo?l   befe?len   erle?ben   fa?ren

Wörter mit einfachem Vokal	Wörter mit Vokal und *h*

7 **Schreibe die folgenden Wörter auf. Was ist richtig: *ie, i* oder *ih*? (9 Punkte)**

Ti?r   Ki?no   zi?rlich   verdi?nen   gratuli?ren   Ti?ger   si?ben   wi?r   i?r

8 **a Ist das unterstrichene Fremdwort richtig geschrieben? Kreuze an, ob seine Schreibweise einen Fehler enthält oder nicht. (2½ Punkte)**

b Verbessere die falsch geschriebenen Fremdwörter direkt hinter dem Satz. (2½ Punkte)

VORSICHT FEHLER!

	ein Fehler	kein Fehler
A Sabrina und Lucy gehen heute ins Teater.	☐	☐
B Julian und Benjamin lieben Spagetti.	☐	☐
C Der Dynamo produziert Strom.	☐	☐
D Die Phüsikerin misst die Lautstärke.	☐	☐
E Simon ist beim Malen immer kreatif.	☐	☐

9 **a Achte auf den *s*-Laut: Jeweils ein Wort in jedem Block A bis F ist falsch geschrieben. Streiche es durch. (6 Punkte)**

VORSICHT FEHLER!

A genießen – Genuß – genüsslich – niesen

B Schluß – schließen – Schloss – Verdruss

C Kaufhaus – las – Preisschild – Strauss

D Badespass – nass – Wasser – heiß

E Grüße – Grasmatte – Fussstapfen – blass

F Strasse – fahrlässig – rasen – aufpassen

b Schreibe die durchgestrichenen Wörter in der richtigen Schreibweise auf. (6 Punkte)

10 **a Prüfe deine Lösungen mit Hilfe des Lösungsheftes (▸ S. 21). Für jede richtige Antwort gibt es einen Punkt.**

b Trage ein, wie du die Aufgaben bewältigt hast: ✓ = das meiste richtig ? = noch etwas unsicher

Aufgabe	1 ☐	2 ☐	3 ☐	4 ☐	5 ☐	6 ☐	8 ☐	9 ☐
Weitere Übungen	Seite 64	Seite 64	Seite 64	Seite 64	Seite 73–74, 80–82	Seite 75	Seite 77–78	Seite 80–82

Groß- und Kleinschreibung – Kinderwelten

Wiederholung: Nomen und Nominalisierungen erkennen

Wissen und können | **Nomen und Nominalisierung**

- **Satzanfänge und Nomen werden großgeschrieben.** Nomen kann man im Satz meist **an** einem **Begleitwort** oder mehreren **Begleitwörtern erkennen,** die ihnen vorausgehen. Mögliche **Nomenbegleiter** sind:
  - ein **Artikel,** z. B.: ***das*** *Kind,* ***ein*** *Recht.*
  - ein **Pronomen,** z. B.: ***meine*** *Herkunft,* ***diese*** *Länder.*
  - ein **Adjektiv** oder ein **Zahlwort,** z. B.: ***große*** *Übereinstimmung,* ***vierzig*** *Jahre.*
  - eine **Präposition,** die mit einem Artikel verschmolzen sein kann, z. B.: ***bei dem*** *Tor* → ***beim*** *Tor.*
- **Verben und Adjektive** schreibt man groß, wenn sie im Satz **als Nomen verwendet** werden **(Nominalisierung).** Auch die Nominalisierungen kann man oft an ihren **Nomenbegleitern** erkennen, z. B.: ***das*** *Lärmen,* ***viel*** *Unterhaltsames,* ***unser*** *Ausprobieren,* ***freundliches*** *Lächeln,* ***beim*** *Spielen.*
- Mit der **Erweiterungsprobe** lässt sich prüfen, ob sich ein Nomenbegleiter (gedanklich) einfügen lässt, z. B.: *Viele Kinder lieben* ***(wildes)*** *Planschen im Freibad.*

1 **Unterstreiche im folgenden Text alle Nomen sowie, wo vorhanden, ihre Nomenbegleiter.**

Ein Grundgesetz für Kinder

Über zwanzig Jahre gibt es die UN-Kinderrechtskonvention. Sie wurde 1989 von den meisten Ländern der Welt beschlossen. Jedes Recht, das hier festgeschrieben wurde, gilt für alle Kinder, unabhängig von ihrer Herkunft, ihrer Hautfarbe oder dem Geschlecht. Leider werden die Grundrechte noch nicht in jedem Land geachtet. Aber die Konvention hat bewirkt, dass die Rechte der Kinder auf Gleichheit, Ernährung, Wohnung, medizinische Versorgung und Bildung überall zur Kenntnis genommen werden. Ein Artikel lautet sogar: „Jedes Kind hat ein Recht auf Freizeit, Spiel und Erholung."

2 **a Unterstreiche im folgenden Text die richtigen Anfangsbuchstaben und, wenn vorhanden, die Nomenbegleiter.**
b Kreuze jeweils dahinter an, wenn es sich um eine Nominalisierung handelt.

Kinder müssen spielen können

Zum V/verstehen [x] der Forderung „Kinder brauchen R/raum [ ] zum S/pielen [ ] " ist genaues E/erläutern [ ] kaum notwendig. Kinder wollen S/spielen [ ], B/bauen [ ] oder einfach auf einem Bein hüpfen. Zum T/toben [ ] und K/klettern [ ] brauchen sie aber nicht nur eingezäunte S/spielplätze [ ]. Gespielt wird heutzutage oft nur im eigenen G/garten [ ]. Städte und Dörfer sollten daher viel K/kinderfreundlicher [ ] geplant werden. Einkaufsstraßen, in denen das F/fahren [ ] von Autos eingeschränkt ist, mit Bäumen, auf die man K/klettern [ ] darf, oder Brunnen, an denen ausgelassenes P/planschen [ ] erlaubt ist, sollten überall Pflicht sein.

3 ●●● **Schreibe den folgenden Text richtig in dein Heft.**
Füge, wenn möglich, passende Nomenbegleiter ein.

Es gibt viele Möglichkeiten zum *lustigen* S/spielen im Park. Viele lieben … F/fangen oder … R/rennen. … L/lustiges kann man beim … V/verstecken erleben. Oder man veranstaltet eine Schnitzeljagd: Ein Kind versteckt sich, aber hinterlässt … M/markierungen an Bäumen oder auf Gehwegen. Wenn das … F/finden zu schnell geht, wird sich das Kind, das sich versteckt hat, bestimmt … S/schwarzärgern.

Groß- und Kleinschreibung bei Zeitangaben

Wissen und können **Groß- und Kleinschreibung bei Tageszeiten und Wochentagen**

Bezeichnungen für **Wochentage und Tageszeiten** werden
- **großgeschrieben,** wenn sie **Nomen** sind. Du kannst sie an **Nomenbegleitern** erkennen, z. B.: ***der*** *Donnerstag,* ***eines*** *Morgens,* ***am*** *Abend,* ***jeden*** *Sonntag,* ***nächsten*** *Mittwoch.*
- **kleingeschrieben,** wenn sie **Adverbien** (▶ S. 33) sind, z. B.: *gestern, heute, zeitweise, morgens, sonntags.*

1 **Schreibe die in Großbuchstaben angegebenen Zeitangaben in der richtigen Schreibweise in die Lücken.**

Schlafen am Nordpol – eine Freizeitbeschäftigung

Bei einem Volk im Norden Kanadas, den Inuit, ärgern sich die Eltern nicht, wenn ihre Kinder am MORGEN ____________ nicht FRÜH ____________ aus dem Bett kommen. Im Gegenteil, sie ermuntern diese beinahe jeden TAG ____________, fast bis zum MITTAG ____________ liegen zu bleiben. Das ist für die Mädchen und Jungen MEISTENS ____________ traumhaft. Diese Gewohnheit verschwindet jedoch HEUTZUTAGE ____________ immer mehr. Aber FRÜHER ____________ war sie nützlich, damit man fit für die Robbenjagd war, die OFTMALS ____________ bis zu drei TAGE ____________, z. B. von MONTAG ____________ bis MITTWOCH ____________, dauerte. Da die Jäger am ABEND ____________ nicht zum Schlafen nach Hause gingen, gewöhnten sie ihre Kinder schon FRÜHZEITIG ____________ daran, auf Vorrat zu schlafen. Im tiefsten Winter darf der Nachwuchs auch HEUTE ____________ noch lange ausschlafen und braucht nicht vor MITTAG ____________ aufzustehen. Die Inuit glauben an zwei Seelen des Menschen, die „Lebensseele“ und die „Schlafseele“. Wenn man zu PLÖTZLICH ____________ aufwacht, gefährdet man seine Schlafseele, die MORGENS ____________ in den Körper zurückkommen möchte, den sie NACHTS ____________ verlassen hat.

2 ●●● **Verfasse in deinem Heft einen kurzen Text, in dem du deine Schlafgewohnheiten beschreibst. Verwende die folgenden Bezeichnungen für Tageszeiten und Wochentage.**

AN WERKTAGEN • MORGENS • JEDEN SONNTAG • BIS IN DEN SPÄTEN MORGEN • SAMSTAGS • AM ABEND • NACHMITTAGS • AM NÄCHSTEN MORGEN • MONTAGS • MITTAGS

Wissen und können **Kombinierte und zusammengesetzte Zeitangaben**

- Bei **kombinierten Angaben** schreibt man die **Adverbien klein** und die **Nomen groß,** z. B.: *__h__eute __M__orgen, __g__estern __A__bend, __m__orgen __M__ittag.*
- **Zusammengesetzte Zeitangaben** aus Wochentag und Tageszeit schreibt man
  – als **Nomen groß,** z. B.: *der __M__ittwochnachmittag, am __M__ontagmorgen,*
  – als **Adverbien klein,** z. B.: *__m__ittwochnachmittags, __m__ontagmorgens.*

3 **Tim möchte sich mit seinem Freund Jacob verabreden und sucht nach einem geeigneten Termin. Lies Tims Stundenplan und verfasse anschließend seine Nachricht an Jacob, in der du die Zeitangaben unter dem Stundenplan verwendest. Achte auf die richtige Schreibweise und abwechslungsreiche Satzanfänge.**

SCHÜLERKALENDER

Montag	Donnerstag
18:00 Uhr Fußball-Training	16:00 Uhr Englisch lernen
(wie jeden Montag!)	mit Paul für KA
Dienstag	**Freitag**
14:30 Uhr Kino mit Maike?	ab 15:00 Uhr frei!!!
Mittwoch	**Samstag/Sonntag**
14:00 Uhr Geocaching-AG (wie immer!)	Sa 8:00 Uhr
19:00 Uhr Essen mit Opa	Fitnesscenter/Krafttraining

~~MORGENABEND~~ • MONTAGS • ÜBERMORGENAMMITTAG • SPÄTNACHMITTAGS • MITTWOCHMITTAGAB14:00UHR • AMMITTWOCHABEND • AMFREITAG • DONNERSTAGAMSPÄTNACHMITTAG • AMSAMSTAGFRÜHMORGENS • AMNACHMITTAG • DENGANZENTAGÜBER

Hallo Jacob,

leider kann ich morgen Abend nicht, da

Teste dich!

Groß- und Kleinschreibung

1 **Bestimme für jede unterstrichene Wendung im folgenden Text kurz die Regel für die Schreibweise. (4 Punkte)**

Sommer-Vorlesungen für Schülerinnen und Schüler
In den Ferien macht bekanntlich nicht nur A das Faulenzen Spaß. B Etwas Außergewöhnliches können Jugendliche erleben, wenn sie C tagsüber in die Sommer-Uni gehen und den interessanten Vorträgen zuhören. Gut gefiel den jungen Zuhörern D heute Morgen die Vorlesung über die Geschichte der Raumfahrt, aber der Vortrag E nachmittags über die Frühzeit des Automobils war interessanter.

A: Nominalisierung eines Verbs, ____________________

____

2 **Überlege, ob die eingerahmten Adjektive und Verben groß- oder kleingeschrieben werden müssen. Setze alle Wörter in der richtigen Schreibweise in die Lücken ein. (10 Punkte)**

Als etwas ____________ [aufregendes], so berichten Max und Julian ganz ____________ [begeistert], erlebten die Zuschauer 1769 den ersten Dampfwagen in Paris. Ganz ____________ [schwindelig] sei ihnen beim ____________ [betrachten] dieses ____________ [gewaltigen] Ungeheuers geworden, das aus unserer heutigen Sicht so langsam wie eine Schnecke gewesen sein müsse. Obwohl Nicholas Cugnot darauf vorbereitet war, dass etwas ____________ [überraschendes] passieren könnte, hatte er wohl nicht damit gerechnet, dass das ____________ [fahren] eines Autos solch ein ____________ [schwieriges] Unternehmen sein könnte. Er sei zum ____________ [entsetzen] seiner Zuschauer gegen eine Mauer gefahren, habe jedoch ____________ [überlebt].

3 **Streiche die sieben falsch geschriebenen Zeitangaben durch und schreibe sie verbessert auf. (7 Punkte)**

VORSICHT FEHLER!

am frühen Morgen   morgen Früh   gestern abend   am Montag
donnerstag Nachmittags   Freitags   jeden Dienstag
Dienstag abends   übermorgen   gestern mittag   spät Nachts

____

____

4 **Vergleiche deine Ergebnisse mit dem Lösungsheft (► S. 22). Für jede richtige Antwort gibt es einen Punkt.**

☺ 21–18 Punkte	☺ 17–12 Punkte	☹ 11–0 Punkte
Gut gemacht!	Gar nicht schlecht! Wo hattest du Schwierigkeiten? Wiederhole die passenden Übungen auf den Seiten 64–66.	Du solltest noch einmal üben! Arbeite die Seiten 64–66 erneut durch.

Getrennt- und Zusammenschreibung – Kindheit und Jugend früher

Wissen und können **Zusammenschreibung von Nominalisierungen**

- **Die meisten Wortgruppen schreibt man getrennt.**
- Es gibt aber **Ausnahmen.** Entsteht z. B. bei der Zusammensetzung zweier Wörter ein Nomen, so handelt es sich um eine **Nominalisierung.** Diese werden immer **zusammengeschrieben.** Achte deshalb auf mögliche Nomenbegleiter, z. B.: ***das** Fensterputzen, **zum** Regaleabstauben.* (Aber: *Er will die Fenster putzen.*)

1 **Verbinde in deinem Heft die Nomen und Verben durch Linien zu sinnvollen Nominalisierungen, z. B.:** *das Öfen...*

Öfen	Zimmer	Kleidung	Betten	Lampen	Tisch	Wasser	Socken
ausbessern	anfeuern	machen	ausfegen	abräumen	holen	putzen	stopfen

2 **Getrennt oder zusammen? Setze die Wortgruppen von Aufgabe 1 passend in den folgenden Text ein.**

Abenteuer 1900

Die 17-jährige Svenja nahm an der Fernsehserie „Abenteuer 1900“ teil, in der 20 Personen für zwei Monate in einem Gutshaus unter Bedingungen wie um 1900 lebten. Am frühen Morgen musste sie für die Herrschaften in schweren Eimern ______________ und in allen Zimmern die ______________, damit es warm wurde. Während die Familie in Ruhe frühstückte, gehörten das ______________ und das ______________ zu ihren Pflichten. Weil es im Haus kein elektrisches Licht gab, musste sie außerdem die ______________. Nach jeder Mahlzeit sollte sie den ______________ ______________. Mit ______________ und ______________ beschäftigte sie sich im Anschluss.

3 ●●● **Svenja mag Putzen nicht, aber sie repariert gern etwas: Finde mit Hilfe des Textes zu Aufgabe 2 heraus, welche Tätigkeiten Svenja wohl schwergefallen sind und welche ihr am besten gefallen haben könnten. Formuliere jeweils einen Satz mit zwei nominalisierten Wortgruppen aus Nomen und Verb.**

Das ______________ und das ______________

sind Svenja sicher schwergefallen.

____

____

Wissen und können **Zusammenschreibung von Adjektiv und Verb bei neuer Gesamtbedeutung**

Auch die folgende Regel ist eine Ausnahme von der sonst üblichen Getrenntschreibung von Wortgruppen. Entsteht durch die **Verbindung von Adjektiv und Verb** ein Wort mit einer **neuen Gesamtbedeutung,** schreibt man die Wortgruppe **zusammen,** z. B.: *festnehmen* (= verhaften), *richtigstellen* (= berichtigen), *schwerfallen* (= Mühe bereiten).

4 **Kläre für die folgenden beiden Sätze, welche Schreibweise von „sicher?gehen" jeweils richtig ist. Achte auf die unterschiedlichen Bedeutungen.**

A Im Gutshaus wollten alle Beteiligten ______________________, dass das Projekt gut läuft.

B Abends war das Personal häufig so erschöpft, dass es kaum noch ______________________ konnte.

5 **Prüfe bei den folgenden Sätzen, ob zusammen oder getrennt geschrieben werden muss, und fülle die Lücken entsprechend aus.**

Als Kind im Gutshaus leben

Die zehnjährigen Zwillinge Lennard und Ansgar waren als Kinder des Gutsherrn die Jüngsten im Gutshaus.

Ein Hauslehrer unterrichtete sie, bei dem sie ______________________ [gut?schreiben]

und ______________________ [richtig?rechnen] mussten. Bei ihm durften sie

nicht ______________________ [blau?machen]. Schließlich wollte der Lehrer

______________________ [sicher?gehen], dass sie auch die französische Sprache und

das Klavierspielen ______________________ [gut?lernen]. Dabei stellte sich heraus,

dass das Zehnjährigen ziemlich ______________________ [schwer?fallen] kann.

Natürlich konnten die Jungen im Gutshaus nicht ______________________ [fern?sehen],

dafür durften sie nachmittags aber reiten oder im Garten spielen.

6 ●●● **In den folgenden Buchstabenschlangen versteckt sich jeweils eine Wortgruppe aus Adjektiv + Verb, die eine neue Gesamtbedeutung hat. Male die entsprechenden Buchstaben dieser Wörter aus.**

ANVERUGUSTERSCHWARZFAHRENTERUNVERO

BEGETIEFKÜHLENANSUBERAFTGELETZGKTEE

ABULEGEKKENTEWERPSSCHIEFGEHENLLÖPST

Wissen und können **Zusammenschreibung von Adverb + Verb und Präposition + Verb**

- Wortgruppen aus **Adverb + Verb** werden in der Regel **zusammengeschrieben,** wenn die **Hauptbetonung auf dem Adverb** liegt, z. B.: *Alle Dienstboten mussten **zusámmenhalten**.*
- Nutze in Zweifelsfällen die **Erweiterungsprobe:** Wenn du ein Wort zwischen Adverb + Verb einfügen kannst, schreibst du **getrennt,** z. B.: *Die Handwerker müssen das Brett **zusammen** (an die Wand) **halten**.*
- Verbindungen aus **Präposition + Verb** schreibt man in der Regel **zusammen,** wenn die **Hauptbetonung** auf der **Präposition** liegt, z. B.: *Will Svenja **aússteigen?** Möchte sie **mítmachen?***

7 **Fülle sinnvoll die Lücken in dem folgenden Interview mit Hilfe der Verben aus dem Wortspeicher. Kläre jeweils, ob Adverb + Verb getrennt oder zusammengeschrieben werden müssen.**

heraus?finden • zusammen?spielen • zurecht?kommen
heraus?fordern • hinein?kommen

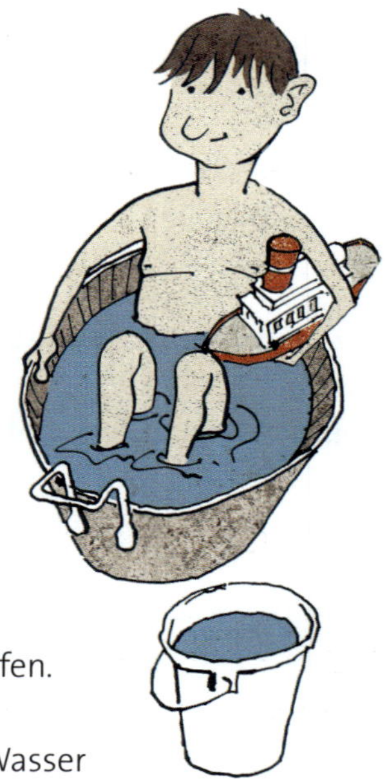

A *Was war in der Zeit dein schönstes Erlebnis?* **Ansgar:** Ich habe mich gern von schwierigen neuen Hobbys ______________________ lassen.

B *Und was war die größte Herausforderung?* **Ansgar:** Ich wollte unbemerkt in die Küche ______________________ und heimlich etwas naschen.

C *Was war im Haus deine Lieblingsbeschäftigung?* **Ansgar:** Ich durfte mit den Kindern der Sommergäste ______________________, zum Beispiel im Heuhaufen.

D *Was hast du am meisten vermisst?* **Ansgar:** Man kann zwar durchaus ohne fließendes Wasser ______________________, aber ich habe eine warme Dusche vermisst.

E *Warum bist du ins Gutshaus gezogen?* **Ansgar:** Ich wollte ______________________, wie man um 1900 gelebt hat.

8 **Im folgenden Buchstabenquadrat sind neben dem markierten Wort noch fünf weitere zusammengesetzte Wörter aus Adverb und Verb versteckt. Finde die Wörter und markiere sie farbig.**

X	Y	E	V	D	I	T	R	E	W	A	M	G	U	B
W	Z	U	S	A	M	M	E	N	S	I	T	Z	E	N
J	R	Q	K	B	X	C	D	H	M	P	X	U	H	Q
D	T	H	U	E	H	C	U	T	M	R	L	V	B	J
S	L	G	P	I	K	W	E	G	G	P	F	O	Z	I
P	M	R	T	B	F	O	R	T	F	A	H	R	E	N
A	B	L	C	L	T	U	N	Y	O	I	J	K	K	M
W	I	E	D	E	R	S	E	H	E	N	I	O	F	S
C	Z	F	E	I	X	F	D	U	L	P	A	M	E	T
F	W	G	L	B	R	S	Q	O	M	W	B	M	V	U
I	D	H	J	E	P	N	M	C	H	T	M	E	B	O
D	A	V	O	N	K	O	M	M	E	N	K	N	L	K

9 ●●● **Wähle sechs Begriffe aus dem Buchstabenquadrat aus (▶ S. 70, Aufgabe 8) und formuliere zu jeder Möglichkeit je einen Beispielsatz.**

1 zusammen: *Auch wenn Svenja viel arbeiten muss, will sie beim „Abenteuer 1900“ dabeibleiben.*
getrennt: *Und sie will dabei zuverlässig und fleißig bleiben.*

2 zusammen: ______________________________

getrennt: ______________________________

3 zusammen: ______________________________

getrennt: ______________________________

4 zusammen: ______________________________

getrennt: ______________________________

5 zusammen: ______________________________

getrennt: ______________________________

6 zusammen: ______________________________

getrennt: ______________________________

10 **Ergänze im folgenden Text die Verben sinnvoll mit den passenden Präpositionen aus dem Wortspeicher. Achte auf die Zusammenschreibung der neu entstandenen Wortgruppe.**

ab • aus • um • durch • auf • ein

Was sie am Morgen nicht geschafft hat, muss Svenja später aufholen. Die Hausherrin achtet genau darauf, ob sie auch die Regale __________staubt und die Zimmer mit dem Besen __________kehrt Anschließend muss sie kurz gewordene Hosen für die Kinder __________arbeiten und verlängern, Knöpfe in das Nähkästchen __________sortieren. Erst am Abend kann sie schließlich __________atmen.

11 **Bilde aus den folgenden Präpositionen und Verben passende Verbindungen und setze sie ein. Tipp: Eine Präposition musst du zweimal verwenden.**

aus • mit • um • ein

probieren • kommen • machen • lassen • gehen

Die Eltern von Lennard und Ansgar wollten beim Experiment „Gutshaus 1900“ ______________, da sie ______________ wollten, wie das Leben um 1900 war. Weil alle ihre sechs Kinder ins Haus ______________ durften, konnte die ganze Familie in der Zeit zusammenbleiben. Sie musste sich dabei auf viele neue Herausforderungen ______________. Gemeinsam hatten sie zum Beispiel zu lernen, wie man mit Dienstpersonal ______________ muss.

Teste dich!

Getrennt- und Zusammenschreibung

1 **a Kreuze die vier Wortgruppen an, die in der Regel zusammengeschrieben werden. (4 Punkte)**
b Schreibe je ein Beispiel für die genannten Wortgruppen auf. (5 Punkte)

	getrennt	zusammen
A Wortgruppen aus Adjektiv + Verb mit neuer Gesamtbedeutung z. B.:	☐	☐
B Wortgruppen aus Adverb + Verb (Hauptbetonung auf dem Adverb) z. B.:	☐	☐
C Wortgruppen mit *sein* z. B.:	☐	☐
D Nominalisierungen, z. B. aus Nomen + Verb z. B.:	☐	☐
E Wortgruppen aus Präposition + Verb (Hauptbetonung auf der Präposition) z. B.:	☐	☐

2 **Notiere jeweils die richtige Schreibweise. (10 Punkte)**

Abenteuer 200 v. Chr. – Leben wie die Kelten

Wer einmal ______________ heraus?finden möchte, wie es sich ______________ an?fühlt, wie ein Kelte zu leben, der sollte den archäologischen Park Gabretta nahe Freyung besuchen. Dort können die Gäste unter Anleitung „echter Kelten“ ______________ Pfeile?schnitzen oder auf offenem Feuer ______________ Kochen?lernen. Dreimal im Jahr gibt es außerdem ein großes ______________ zusammen?treffen von unterschiedlichen Keltengruppen. Beim Samhain-Fest, das jeden Herbst stattfindet, kann man den Kriegern ______________ gegenüber?sitzen, mit ihnen ______________ laut?singen, ihre Rüstungen ______________ an?probieren und ihnen beim ______________ Waffen?bauen zusehen. Wenn dann am Abend die Lagerfeuer entfacht werden, wird es den Besuchern nicht ______________ schwer?fallen, sich wie echte Kelten zu fühlen.

3 **Vergleiche deine Ergebnisse mit dem Lösungsheft (► S. 23 f.). Für jede richtige Lösung bekommst du einen Punkt.**

☺ 19–16 Punkte	☺ 15–11 Punkte	☹ 10–0 Punkte
Gut gemacht!	Gar nicht schlecht! Wo hattest du Schwierigkeiten? Wiederhole die passenden Übungen auf den Seiten 68–71.	Du solltest noch einmal üben! Arbeite die Seiten 68–71 erneut durch.

Üben macht sicher – Regeln und Tipps zur Rechtschreibung

Kurze Vokale

Wissen und können | **Schreibweisen bei betonten kurzen Vokalen**

- Nach einem **betonten kurzen Vokal** folgen fast immer **zwei** oder mehr **Konsonanten.**
- Beim **deutlichen Sprechen** kannst du sie meist gut **unterscheiden,** z. B.: *wundern, hüpfen, Sport.*
- Hörst du **nur einen Konsonanten,** wird er fast immer **verdoppelt,** z. B.: *schnell, rennen, Mitte.*

1 **Prüfe, wie die Vokale in dem folgenden Text gesprochen werden. Unterstreiche alle Wörter, bei denen der betonte Vokal kurz gesprochen wird und auf den mindestens zwei Konsonanten folgen.**

Omar in der Karibik

Omar und seine Eltern wohnen in der Karibik. Hier sind tolle Sandstrände und das Wasser ist immer wunderbar warm. Diese herrliche Gegend besuchen Touristen aus aller Welt. Omar geht fast jeden Tag schwimmen. Er taucht zu Felsen und Korallenriffen und sucht nach bunten Fischen. Durch seine Maske kann Omar unter Wasser sehen, dank seiner Flossen kommt er schnell vorwärts.

2 a **Übertrage die folgende Tabelle in dein Heft und ordne darin die in Aufgabe 1 unterstrichenen Wörter ein.**
b **Setze bei jedem Wort einen Punkt unter den betonten kurzen Vokal und markiere die Konsonanten, die ihm folgen, z. B.:**

A Wörter mit zwei oder mehr verschiedenen Konsonanten nach dem betonten kurzen Vokal	B Wörter mit verdoppeltem Konsonanten nach dem betonten kurzen Vokal
und (4x), …	tolle, …

3 a **Schreibe das abgebildete Wort jeweils in das erste Kästchen.**
b **Notiere zu jedem Wort Reimwörter mit den angegebenen Anfangsbuchstaben.**

A  ______ , T______ , W______

B  ______ , F______ , K______

C  ______ , S______ , G______

D 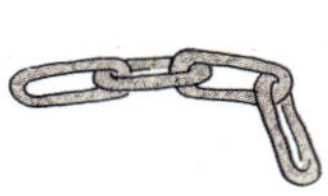 ______ , W______ , K______

Wissen und können — ***ck* und *tz* nach betonten kurzen Vokalen**

- In der Regel schreibt man ***ck* statt *kk*** (z. B. *Zucker*) und ***tz* statt *zz*** (z. B. *Netze*).
- **Achtung: *ck* trennt man** am Zeilenende **nicht,** z. B.: *Schne-cke, Bli-cken, So-cken.*

4 **Bei den folgenden Wörtern mit *tz* und *ck* wurde die Reihenfolge der Buchstaben vertauscht. Schreibe das Wort in der richtigen Schreibung auf und bilde zu jedem drei weitere Wörter aus der Wortfamilie.**

A baenck backen, Bäcker, ___

B tzBil ___

C reckSch ___

D tzkrena ___

E ckeDe ___

5 **Ergänze die folgenden Lückenwörter mit den richtigen Konsonanten: Entscheide, ob der fehlende Konsonant nach dem betonten kurzen Vokal verdoppelt werden muss oder nicht. Tipp: Beachte, dass die Doppelkonsonanten *kk* als *ck* und *zz* als *tz* zu schreiben sind.**

Olja aus Moskau

Olja lebt in einem Vorort von Moskau, der Hauptstadt von Ru___land. Sie besucht die „Kla___ische Tanzschule", um Tän___erin zu werden. Mit diesem Schulabschlu___ ka___ sie einem professione___en Ba___ettensemble beitreten. Oljas Füße ste___en beim Tan___en in Schuhen aus Sto___. Da diese sehr schne___ verschleißen, braucht sie o___t ein neues Paar. Am liebsten tanzt Olja in einem Rö___chen aus weißer Spi___e, aber beim Üben hat sie mei___tens ein einfaches Trikot an. Ihre Haare trägt Olja gern o___en, aber für den Unterricht mu___ sie die Haare zu einem Du___ hochste___en. Olja wo___te schon i___er Tänzerin werden.

6 ●●● **Manche Wörter werden weiterhin mit kk geschrieben. Das sind Wörter, die du dir merken musst. Ergänze in den folgenden Wörtern *ck, k* oder *kk* und prüfe deine Schreibung mit Hilfe eines Wörterbuchs.**

A die Ja___e
B perfe___t
C a___tuell
D der Ta___t
E der Re___ord
F die So___e
G der Ro___
H die Ma___aroni
I Sa___o
J der A___ord
K a___urat
L die De___e

Lange Vokale

Wissen und können | **Schreibweisen bei betonten langen Vokalen: *a/ä*, *e*, *o/ö* und *u/ü***

- In den meisten Wörtern wird der **betonte lange Vokal** nur **mit einem Buchstaben** geschrieben. **Danach** folgt meist **nur ein Konsonant,** z. B.: *die Frage, böse, raten, der Hüter.*
  Das gilt besonders für einsilbige Wörter, z. B.: *her, los, für, nur, gut.*
- Bei **einer kleineren Gruppe** von Wörtern folgt **nach dem betonten langen Vokal** (oder Umlaut) **ein *h*,** z. B.: *sehr, wohl, ungefähr, ähnlich.*
  Das ***h*** steht besonders **häufig vor den Konsonanten *l, m, n* und *r*** und bleibt **auch in den verwandten Wörtern** erhalten, z. B.: *Ja**h**r – jä**h**rlich, Ja**h**reszeit; Ru**h**m – rü**h**men, unrü**h**mlich; Wa**h**l – wä**h**len, wä**h**lbar; Wo**h**nung – wo**h**nen, wo**h**nlich.*

1 **Kläre für jedes der folgenden Wörter, ob es mit *h* geschrieben wird. Trage den Buchstaben *h* dann ein.**
Tipp: Schlage in Zweifelsfällen in einem Wörterbuch nach.

Ba___n Sa___ne Blu___me
Lü___gen Ro___re Mu___t
U___rlaub Fo___len Sanda___len
Kö___nigin Na___men Le___ben
Le___rer Mö___ren

schla___gen vere___ren erwä___nen
fü___ren krö___nen beso___len
ernä___ren ne___men belo___nen
verle___gen erzä___len scha___ben
ke___ren fa___ren

2 **Ergänze die fehlenden Wörter in der richtigen Schreibung.**

A Ich esse grüne ____________  , zum Nachtisch dann ____________  .

B Auf dem Bau quietscht der ____________  , auf dem Hof kräht der ____________  .

C Egon ist riesig, ein richtiger ____________  , er zeigt seine Größe auf einer ____________ 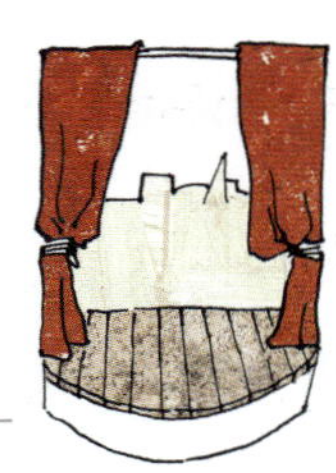 .

D Im Feuer knacken die ____________  , im Schießstand knallen die ____________ 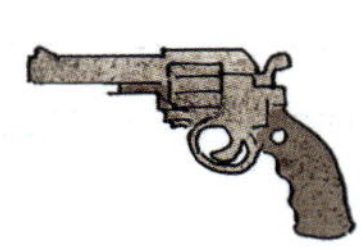 .

Wissen und können **Wörter mit Doppelvokal: *aa, ee, oo***

Es gibt nur **wenige Wörter,** in denen der **lang gesprochene Vokal verdoppelt** wird.
Merke sie dir gut. Die wichtigsten sind:

- **aa:** *der **Aa**l, das H**aa**r, das P**aa**r, der S**aa**l, die S**aa**t, der St**aa**t, die W**aa**ge.*
- **ee:** *die B**ee**re, das B**ee**t, die F**ee**, das H**ee**r, der Kl**ee**, l**ee**r, das M**ee**r, der Schn**ee**, der/die S**ee**, die S**ee**le, der Sp**ee**r, der T**ee**r.*
  Oftmals haben **Fremdwörter** das ***ee*** am **Wortende,** z. B.: *die Id**ee**, der Kaff**ee**, der T**ee**, das Pür**ee**, die All**ee**.*
- **oo:** *das B**oo**t, d**oo**f, das M**oo**r, das M**oo**s, der Z**oo**.*

Achtung: Bei **Verkleinerungsformen** gibt es **keine doppelten Umlaute,** z. B.: *der S**aa**l → das S**ä**lchen.*

3 **Bilde jeweils die Verkleinerungsform und ein zusammengesetztes Nomen.**

A der Aal → *das Älchen – der Aalfang*

B das Paar → ______________________

C die Seele → ______________________

D das Boot → ______________________

E das Haar → ______________________

4 **Notiere zu jedem der folgenden Verben das passende Nomen mit Doppelvokal.**

A pürieren → ______________ C frottieren → ______________ E säen → ______________

B wiegen → ______________ D gelieren → ______________ F schneien → ______________

5 **Suche ein Verb, das von dem angegebenen Nomen abgeleitet ist.**
Einige der gesuchten Verben musst du mit Präfixen (Vorsilben) wie *be-*, *ent-*, *ver-* oder *zer-* bilden, z. B.:

Moor → vermooren

A Aal → ______________ D Moos → ______________ G Paar → ______________

B Haar → ______________ E Teer → ______________ H Seele → ______________

C Staat → ______________ F Heer → ______________

6 **In jedem der beiden folgenden Sätze wird für alle Lücken ein einzelnes Wort mit Doppelvokal gesucht.**
Finde es und trage es in der richtigen Schreibweise ein.

A Das ______grundstück bot ______wärts einen wunderbaren ______blick auf ______tüchtige Segelboote, die bei ______wind in ______ stachen und am ______ufer die ______rosen zurückließen.

B Im ________ war der ________boden schon so lange ________ig, dass es ungezählte ________leichen von ________hühnern gab, die nun bis in alle Ewigkeit ein ________bad nehmen.

Fremdwörter erkennen und richtig schreiben

Wissen und können **Fremdwörter erkennen und richtig schreiben (1)**

- Fremdwörter sind **Wörter, die ihren Ursprung in einer anderen Sprache haben,** z. B.: *Gymnastik* (griech.), *diskutieren* (lat.), *Garage* (frz.), *Spaghetti* (ital.), *Snowboard* (engl.).
- Viele Fremdwörter (v. a. Fachbegriffe) erkennt man daran, dass sie sich in **Aussprache** und **Schreibung** nach den Regeln ihrer Herkunftssprache richten, z. B.: *Stro**ph**e, **Th**eater.*
- **Häufig gebrauchte Fremdwörter** wurden in vielen Fällen dem Deutschen angeglichen. Für diese ist dann neben der fremden auch die **eingedeutschte Schreibweise** möglich, z. B :
  - **ph/f:** *Biogra**ph**ie/Biogra**f**ie*
  - **c/k:** *Club/Klub*
  - **aie/ee:** *Portmon**aie**/Portmon**ee***
  - **ou/u:** *Cousine/Kusine*
- Wenn du dir in der Schreibung unsicher bist oder die Bedeutung eines Fremdwortes nicht genau kennst, schlage in einem **Wörterbuch** nach.

1 a **Teste dich: Unterstreiche in jeder Gruppe A bis J die beiden Wörter, deren Schreibweise du für richtig hältst.**
b **Lass dir die Fremdwörter diktieren.**
c **Prüfe mit Hilfe des Lösungsheftes (► S. 25), ob du sie richtig geschrieben hast, und markiere die Wörter, für die sowohl die fremdsprachliche als auch die eingedeutschte Schreibung möglich ist.**

A Grafic – Grafik – Graphik – Graphic
B Bufet – Buffet – Büfett – Büfee
C kremig – krehmig – cremig – crehmig
D Potential – Potenzial – Potentzial – Potencial
E Fantasie – Fanthasy – Phantasie – Phantasy
F Joghurt – Jogurt – Jogourt – Joghurt
G Frissör – Frisör – Friseur – Friseure
H Mikrofon – Microphon – Mircofon – Mikrophon
I Nougat – Nougaht – Nugat – Nugath
J Photographie – Fotographie – Fotografie – Photografie

2 a **Welche Wörter sind hier gesucht? Ergänze die fehlenden Buchstaben.**
b **Prüfe mit Hilfe eines Wörterbuchs, für welche Wörter zwei Schreibweisen möglich sind. Notiere diese darunter.**

DEL___IN C___P ___UPON RHY___MUS

3 a **Verbinde die Bausteine aus den beiden Puzzleteilen zu mindestens zwölf Fremdwörtern.**
b **Notiere ihre Bedeutung oder schlage diese in einem Wörterbuch nach und schreibe sie auf.**

Plat- • fat- • fam- • Dial- • Karuss- • Frott- • Du- • Kart- • Monu- • grandi- • Pür- • eleg-

-age • -al • -ant • -ett • -enz • -eau • -ekt • -ee • -ell • -ment • -os • -tion

Wissen und können **Fremdwörter erkennen und richtig schreiben (2)**

Fremdwörter kann man häufig an **ihrer Schreibweise erkennen:**

- am **Wortanfang** und im **Wortinneren** z. B.
  an dem Buchstaben ***y*** (*die Physik*), an Buchstabenverbindungen wie ***th*** (*die **Th**eologie*), ***ph*** (*der **Ph**os**ph**or*), an Doppelkonsonanten wie ***kk*** (*der A**kk**ord*) oder ***zz*** (*die Ski**zz**e*),
- am **Wortende** an **typischen Suffixen** (Nachsilben):
  - **bei Nomen:** **-tion:** *Sta**tion**, Demonstra**tion*** **-ität:** *Real**ität*** **-eur:** *Mont**eur**, Mass**eur***
    -age: *Mass**age**, Mont**age*** **-ie:** *Gen**ie**, Galer**ie*** **-ik:** *Hekt**ik**, Phys**ik***
  - **bei Verben:** **-ieren:** *mont**ieren**, demonstr**ieren***
  - **bei Adjektiven:** **-iv:** *kreat**iv**, selekt**iv*** **-(ist)isch:** *typ**isch**, real**istisch***

1 **a Finde im folgenden Text die 8 Fremdwörter und unterstreiche sie wie im Beispiel.**
b Umrahme jeweils den Teil im Wort, an dem du es als Fremdwort erkennen kannst.
Tipp: Schlage die Wörter, deren Bedeutung dir unbekannt ist, im Wörterbuch nach.

Cho Sang besucht in Seoul eine landestypische Schule. Ihr Alltag ist systematisch durchstrukturiert. Der intensive Unterricht dauert bis ca. 16 Uhr. Anschließend sind noch bis spät abends Hausaufgaben zu absolvieren. Zudem muss sie sich akribisch auf den nächsten Schultag vorbereiten, denn die Anforderungen des Unterrichts sind sehr hoch und von vielen Regeln geprägt. Für Spiel, Spaß und Kreativität bleibt da häufig zu wenig Zeit, da die Prüfungen den Schulalltag dominieren.

2 **Ordne die Fremdwörter aus Aufgabe 1 in die Tabelle ein und ergänze, falls möglich, die restlichen Spalten.**
Tipp: Nimm ein Wörterbuch zur Hilfe.

Nomen	Verben	Adjektive
der Typ	typisieren	typisch

3 ●●● **Verfasse in deinem Heft vier bis fünf Sätze, in denen du Fremdwörter von dieser Seite sinnvoll einsetzt.**

Teste dich!

Kurze und lange Vokale

1 **Kläre die Schreibweise der Lückenwörter. Ergänze fehlende Buchstaben, wo es nötig ist. (13 Punkte)**

Fototechni___k: Stra___lend schö___ne Bilder!

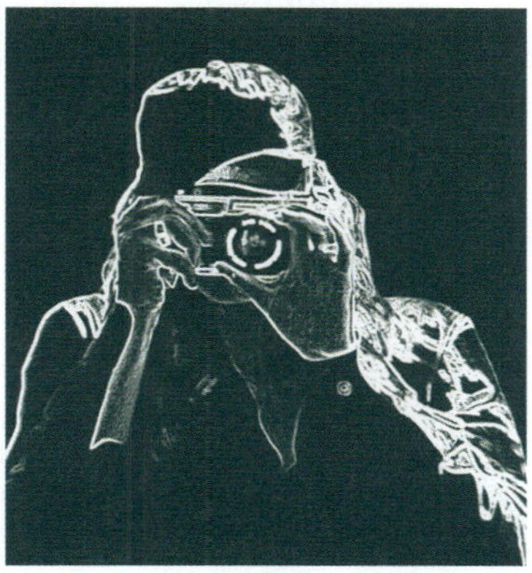

Es ge___t hier um die Licht- und Schat___enseiten des Fotografi___rens.

I______erhin ist es entscheidend für eure Bilder, ob i___r zur Mit___agszeit

oder in der Däm___erung, bei Kunst- oder mit Ge___genlicht fotografiert.

Achtet da___rum nicht zuletzt darauf, aus welcher Richtung das Licht

auf euer Moti___v fäl___t.

2 **a Unterstreiche im folgenden Text 14 Fehlerwörter. (14 Punkte)**
b Schreibe jedes Fehlerwort verbessert ins Heft. (14 Punkte)

VORSICHT FEHLER!

Tipps für tole Aufnamen

Wenn mitags die Sonne fast senkrecht am Himel steht, ist das Licht hart. Weicher wirkt es, je weiter seine Quele entfehrnt und je größer die Fläche ist, von der es abstralen kann, etwa ein bewöhlkter Horizont. Fotografirt ihr mit Geegenlicht, werden die Bilder meist ser düster. Schahde, fals ihr schöne Porträts schießen wolltet. Aber genau richtig, wenn eure Bilder aussehen sollen wie Schehrenschnitte.

3 **Kreuze für jede der folgenden Aussagen an, ob sie richtig oder falsch ist. (5 Punkte)**

		richtig	falsch
A	Nach einem betonten kurzen Vokal folgt immer ein Doppelkonsonant.	☐	☐
B	Wörter mit ***kk*** kommen im Deutschen nicht vor.	☐	☐
C	Nach einem betonten langen Vokal und vor ***l, m, n, r*** steht häufig ein ***h***.	☐	☐
D	Für häufig gebrauchte Fremdwörter gibt es meist keine eingedeutschte Schreibweise.	☐	☐
E	Fremdsprachliche Nomen kann man insbesondere an Suffixen wie ***-tion, -ität, -eur, -age, -ie, -ik*** erkennen.	☐	☐

4 **Vergleiche deine Ergebnisse mit dem Lösungsheft (▶ S. 26). Für jede richtige Lösung erhältst du einen Punkt.**

☺ 46–36 Punkte	☺ 35–25 Punkte	☹ 24–0 Punkte
Gut gemacht!	Gar nicht schlecht! Wo hattest du Schwierigkeiten? Wiederhole die passenden Übungen auf den Seiten 73–78.	Du solltest noch einmal üben! Arbeite die Seiten 73–78 erneut durch.

Die Schreibung der s-Laute

Wissen und können | **Schreibweisen der *s*-Laute: *s* und *ß***

- Das **stimmhafte *s*** (= weicher, gesummter Laut) wird immer **mit einfachem *s* geschrieben,** z. B.: *Rose, blasen, böse, also.*
- Das **stimmlose *s*** (= harter, zischender Laut) wird **nach einem betonten langen Vokal** oder **nach einem Diphthong** (Doppellaut: *ei, ai, au, äu, eu*) **mit *ß*** geschrieben, z. B.: *schließen, außer, Schoß.*
  Tipp: Prüfe am Wortende mit der **Verlängerungsprobe:**
  – Bleibt der **s-Laut stimmlos,** schreibst du ***ß*,** z. B.: *Fleiß → fleißig.*
  – Wird der stimmlose *s*-Laut **im verlängerten Wort stimmhaft,** schreibst du ein **einfaches *s*,** z. B.: *uns → unser, Gras → Gräser.*

1 **Bilde mit Hilfe der Abbildung Wörter mit *ß* und schreibe sie richtig auf.**

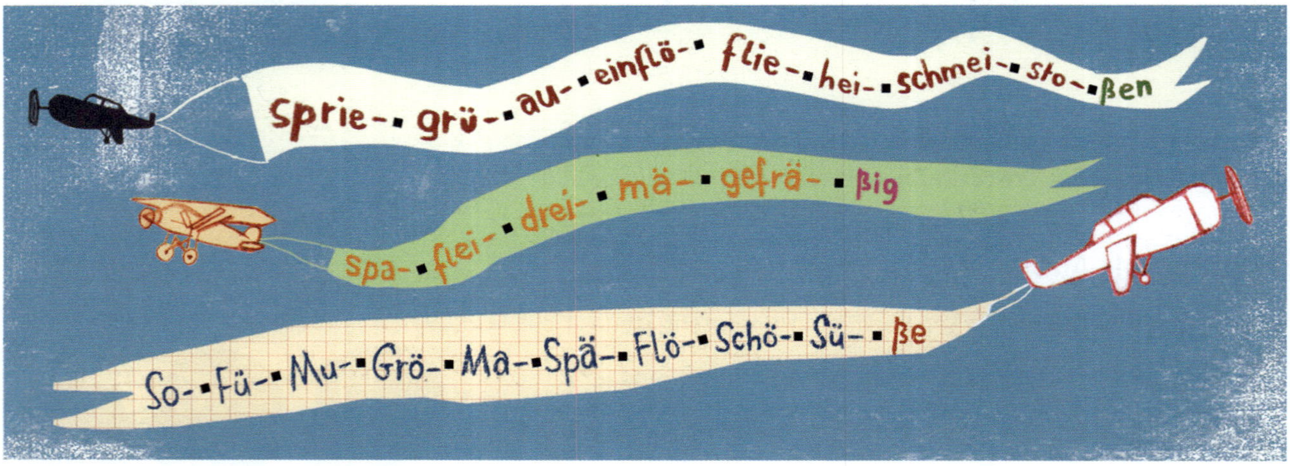

sprießen, ___

___

spaßig, ___

Soße, ___

2 **Notiere, was auf den folgenden acht Bildern jeweils zu sehen ist. Achte auf die Schreibweise des *s*-Lauts. Schreibe dazu jedes Nomen mit einer Verlängerung auf.**

___
___

___
___

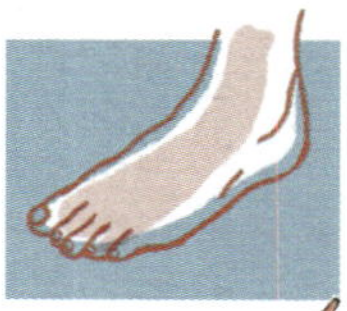
___
___

___
___

___
___

___
___

___
___

___
___

Wissen und können **Schreibweisen für den *s*-Laut nach einem betonten kurzen Vokal: *ss***

- **Nach einem betonten kurzen Vokal** wird **das stimmlose *s*** (= harter, gezischter *s*-Laut) meist mit ***ss*** geschrieben, z. B.: *küssen, Messer, massig*.
- Bei **Nomen mit dem Suffix** (Nachsilbe) ***-nis* verdoppelt** sich das ***s* im Plural,** z. B.: *das Ereignis → die Ereignisse*.

3 **a Vervollständige die Wörterrätsel. Pro Zeile darfst du nur einen Buchstaben austauschen.**
b Wähle eine Zeile aus und schreibe mit jedem Wort aus dieser Zeile einen Satz in dein Heft.

B	O	S	S
N	U	S	S

W	E	S	S	E	N
K	I	S	S	E	N

B	I	S	S
G	U	S	S

F	A	S	S	E	N
K	Ü	S	S	E	N

4 **Bilde mit den nachstehenden Wortbausteinen und dem Präfix (Vorsilbe) *miss-* neue Wörter. Trage diese nach Wortarten sortiert in die Tabelle ein.**

~~-trauen~~ • -launig • -klang • -achten • -ernte • -erfolg • -gönnen • -liebig • -günstig • ~~-trauisch~~ • -griff • -lingen • - geschick • -verhältnis • -billigen • -mutig • -raten • -verstehen • -verständlich

Nomen	Verb	Adjektiv
das Misstrauen,	misstrauen,	misstrauisch,

5 **Bilde zu den folgenden Verben Nomen mit dem Suffix (Nachsilbe) *-nis*.**
●●● Schreibe jeweils den Singular und den Plural auf. Beachte das „Wissen und können".

~~ärgern~~ • hindern • geschehen • bekennen • vorkommen • erfordern • kümmern • verhalten • erkennen • gestehen

Ärgernis – Ärgernisse,

Wissen und können **Wechsel von *ss* und *ß* in Wortfamilien**

- **Manche** Verben haben in ihren **Verbformen** einen **Wechsel von *ss* und *ß*,** z. B.: *fließen – es floss, lassen – er ließ, wissen – ich weiß.*
- Auch bei **verwandten Wörtern** können ***ss* und *ß* wechseln,** z. B.: *genießen – der Genuss, beißen – der Biss.*

Bei all diesen Wörtern gilt:
- **Nach** einem **betonten kurzen Vokal** wird der **stimmlose *s*-Laut** mit ***ss*** geschrieben, z. B.: *der Fluss.*
- **Nach** einem **betonten langen Vokal** oder einem **Diphthong** schreibt man ***ß***, z. B.: *das Floß, außen.*

6 **Ergänze in der folgenden Tabelle die gesuchten Verbformen.**

Infinitiv	Präsens Singular	Präteritum Singular	Nomen
erla__ss__en	er erlä____t	sie erlie____	der Erla____
____	sie stö____t	____	____
____	____	____	der Beschlu____
____	____	er verga____	____
genie____en	____	____	____
____	sie mi____t	____	das Ma____
bei____en	____	____	____

7 **Trage in die Lücken des folgenden Textes jeweils den richtigen *s*-Laut ein: *s*, *ss* oder *ß*.**

●●●

Der blaue Planet

Un____ere Erde wird oft „der blaue Planet“ genannt, denn das mei____te auf ihr ist Wa____er. Eigentlich mü____te sie daher „Wa____er“ hei____en und nicht „Erde“! Der grö____te Teil dieser Flü____igkeit – 97 Prozent – ist leider das Salzwa____er in Meeren und Ozeanen. Sü____wa____er gibt es nur in Flü____en und Seen, au____erdem am Nord- und Südpol und als Gletscher in Form von Ei____. Das Wa____er auf der Erde rei____t sozusagen immerzu im Krei____ herum – darum sprechen wir auch vom Wa____erkrei____lauf. Nicht überall auf der Erde gibt es genug von diesem kostbaren Na____, de____halb sollten wir spar____am und umsichtig damit umgehen. Dazu kann man zum Beispiel Regen für die Gartenbewä____erung in einer Tonne sammeln, das Auto in einer Waschstra____e mit geschlo____enem Krei____lauf waschen und beim Zähneputzen das Wa____er nicht weiter flie____en la____en.

das oder *dass*?

Wissen und können **Relativpronomen (*das*) oder Konjunktion (*dass*)?**

Die **Konjunktion *dass*** wird häufig mit dem als **Relativpronomen oder als Demonstrativpronomen** gebrauchten ***das* verwechselt.** Prüfe mit der **Ersatzprobe:**

- Wird ***das* als Demonstrativpronomen** gebraucht, ist es ein Stellvertreter des Nomens und kann deshalb durch ***dieses* oder *jenes* ersetzt** werden, z. B.:
  Welches T-Shirt gefällt dir? ***Dieses*** *(T-Shirt) im Schaufenster ganz rechts.*
- Die **Konjunktion *dass* kann nicht ersetzt werden,** z. B.: *Mir gefällt es,* ***dass*** *ich so viele Bücher habe.*

1 **Entscheide für die folgenden Sätze, ob es sich um das Relativpronomen *das* oder um die Konjunktion *dass* handelt. Führe die Ersatzprobe durch und streiche das falsche Wort.**

Morgens in der Großfamilie

Wie klappt es, das/dass morgens alle pünktlich aufstehen, frühstücken und pünktlich loskommen? Das Radio, das/dass auf 6:25 Uhr programmiert ist, hört man in allen Zimmern. Mama und Papa sorgen abwechselnd dafür, das/dass unsere Pausenbrotboxen gefüllt werden. Im Bad ist so viel Platz am Waschbecken, das/dass wir sechs Geschwister uns gleichzeitig die Zähne putzen können. Das Honigglas, das/dass reihum wandert, reicht meistens nur für zwei Tage. Das Telefon, das/dass um 7:25 Uhr wie ein Wecker läutet, sagt, das/dass jetzt alle aufbrechen müssen.

2 **Trage ein: *das* oder *dass*?**

Urlaub mit der Großfamilie

Daran, ________ wir tagelang packen, merkt auch der letzte Nachbar, ________ wir bald verreisen. Wir, das sind meine fünf Geschwister, unsere Eltern und ich, Gianna. 10 Koffer und Taschen zählte im vergangenen Sommer unser Gepäck, ________ sich im Flur bald übereinanderstapelte. Ich war froh, ________ ich wenigstens noch zu meinem Bett durchkam. Auch wir Kinder packen. Klar ist es manchmal nervig, ________ wir alle mithelfen müssen. Aber so hat man das schöne Gefühl, ________ der Urlaub immer näher kommt. Unser Auto, ________ ein Bus mit acht Plätzen ist, reicht gerade eben für unsere Familie aus. Als Großfamilie im Urlaub zu sein, ist schön und schlimm zugleich. Schlimm ist, ________ es dann mehr Streit und weniger Süßigkeiten gibt. Schade ist auch, ________ unsere Unternehmungen nicht bei allen gleichermaßen beliebt sind. So finden es die Kleinen zum Beispiel viel zu anstrengend, gemeinsam eine Bergtour zu machen, die Großen aber langweilen sich. Das vielleicht Schönste am Urlaub in einer Großfamilie ist, ________ ständig irgendetwas passiert.

Teste dich!

Die s-Laute und *das* oder *dass*?

1 ***s, ss* oder *ß*?**
Trage den jeweils fehlenden s-Laut richtig in die Lücken des folgenden Textes ein. (16 Punkte)

Leben auf Energiesparflamme

Wir leben in einem Experiment: Wir testen im Auftrag des Stadtentwicklungsministeriums ein Energiesparhau____. Wir probieren ein Jahr lang aus, wie es sich in einem solchen Hau____ leben lä____t. Es hat Solarzellen auf dem Dach und an einer Au____enwand. Anfangs gab es Pannen. Zum Beispiel hat die Katze den Bewegungsmelder ausgelö____t und damit das Licht angemacht. Man kann das Hau____ aus der Ferne mit dem Handy steuern. Da____ ist praktisch: Wenn ich meinen Schlü____el verge____en habe, rufe ich einfach Papa an. Der entriegelt mit seinem Handy das Türschlo____. Was anders geworden i____t: Ich dusche jetzt länger, nehme auch mal ein hei____es Bad und la____e mein Radio an, wenn ich gerade einmal nicht im Zimmer bin. Ein schlechtes Gewi____en habe ich dabei nicht, ich wei____ ja, da____ unsere Energie direkt von der Sonne kommt.

2 ***das* oder *dass*? Ergänze entsprechend. (6 Punkte)**

Wie Häuser Energie fressen

Da____ in Gebäuden sehr viel Energie verbraucht wird, zum Beispiel für die Heizung, warmes Wasser oder Elektrogeräte, weiß jedes Kind. Und es weiß auch, da____ dies teuer für die Bewohner und schlecht für die Umwelt ist. Denn wo Energie verbraucht wird, entsteht meist CO_2, ein Gas, da____ schädlich fürs Klima ist. In Deutschland gibt die Regierung deshalb viel Geld für Solarenergie aus. Da____ regt zwar nicht alle Hausbesitzer zum Energiesparen an, aber doch einige. Und wir dürfen nicht übersehen, da____ viele Menschen ihre Häuser so umbauen, da____ diese selbst Energie erzeugen können – etwa durch eine Solaranlage.

3 **Vergleiche deine Ergebnisse mit dem Lösungsheft (▶ S. 27). Jede richtige Antwort gibt einen Punkt.**

☺ 22–18 Punkte	😐 17–13 Punkte	☹ 12–0 Punkte
Gut gemacht!	Gar nicht schlecht! Wo hattest du Schwierigkeiten? Wiederhole die passenden Übungen auf den Seiten 80–83.	Du solltest noch einmal üben! Arbeite die Seiten 80–83 erneut durch.

Zeichensetzung – Andere Länder, andere Sitten

Das Komma zwischen Sätzen

Wissen und können | **Die Kommasetzung in Satzreihe (Hs + Hs) und Satzgefüge (Hs + Ns)**

- Die einzelnen **Hauptsätze einer Satzreihe** (▶ S. 54) werden durch ein **Komma** voneinander getrennt. Sie können durch die **nebenordnenden Konjunktionen *und, oder, aber, doch, sondern, denn*** verknüpft werden, z. B.: *Jedes Land hat typische Speisen,* ***aber*** *auch die Esskultur ist weltweit unterschiedlich.* Nur **vor *und* bzw. *oder* darf** das **Komma entfallen,** z. B.: *Man isst anders(,) und man benimmt sich anders.*
- Im **Satzgefüge** (▶ S. 55) kann der Nebensatz vor, zwischen oder nach dem Hauptsatz stehen. **Zwischen Hauptsatz und Nebensatz** muss immer ein **Komma** stehen, z. B.: *Reisende, die andere Länder besuchen, lernen unterschiedliche Tischsitten kennen.* Ein Satzgefüge kann mehrere Nebensätze enthalten. **Alle Nebensätze werden mit einem Komma abgetrennt,** z. B.: *Wenn man durch die Welt reist, lernt man, dass man unter gutem Benehmen Unterschiedliches versteht.*

Folgende Wörter können **Nebensätze einleiten:**

unterordnende **Konjunktionen** (Subjunktionen)	*nachdem, wenn, obwohl, weil, dass, indem, ...*	***Wenn*** *man die Tischsitten nicht kennt, kann man sich blamieren.*
Fragewörter und **ob**	*wann, woher, warum, weshalb, wie, wo, ob, ...*	*Ich weiß nicht,* ***wie*** *man Essstäbchen benutzt.*
Relativpronomen	*der, die, das, welcher, welche, welches*	*Ein Kind,* ***das*** *mit vollem Mund spricht, versteht man schlecht.*

1 **a** **Setze im folgenden Text die fehlenden Kommas.**
b **Unterstreiche die beiden Satzreihen und markiere farbig die verknüpfende Konjunktion.**
c **Umkreise in den Satzgefügen die Wörter, die Nebensätze einleiten.**

VORSICHT FEHLER!

Ein Blick über den Tellerrand

Sicher kennst du einige Regeln wie du dich am Essenstisch benehmen sollst. Eine Aufforderung die Kinder bei uns oft zu hören bekommen lautet: Iss deinen Teller leer! Bei uns gilt es als höflich wenn man seine Speisen aufisst. Der leere Teller freut die Köchin weil er signalisiert dass es dir geschmeckt hat. Bei einem Besuch in Russland solltest du diese Regel aber außer Acht lassen denn der Koch wird sonst enttäuscht sein. Ein Teller der leer zurück in die Küche kommt weckt beim Koch die Frage ob er zu wenig zubereitet hat. Indem du aus Höflichkeit einen Rest auf dem Teller lässt lobst du in Russland die Kochkunst des Hauses.

Wenn man in die USA reist kann man auch einen Unterschied zu unseren Essgewohnheiten beobachten. Die US-Amerikaner halten beim Essen nicht Messer und Gabel in den Händen sondern eine Hand bleibt frei und liegt im Schoß. Es ist unklar ob diese Tischsitte tatsächlich auf die Zeit des Wilden Westens zurückgeht. Weil man damals jederzeit bereit für eine Schießerei sein musste soll eine Hand stets an der Waffe gelegen haben. Heutzutage essen jedenfalls die meisten US-Amerikaner nur mit der Gabel nachdem sie zuvor ihr Fleisch und andere Speisen zerschnitten haben.

2 **a Setze in den folgenden Sätzen die fehlenden Kommas.**
b Begründe deine Zeichensetzung:
Trage für jeden Satz die Ziffer der passenden Beschreibung des Satzbauplans ein.

Beschreibungen der Satzbaupläne:

1 1 Hs + 1 Ns, 1 Komma
2 2 Hs, 1 Komma muss stehen
3 1 Ns + 2 Hs, 2 Kommas
4 1 Hs + 1 Ns, 2 Kommas
5 2 Hs + 1 Ns, 2 Kommas
6 2 Hs, 1 Komma kann stehen

Asiatische Tischsitten

VORSICHT FEHLER!

A [4] Die Tischsitten die in asiatischen Ländern gelten unterscheiden sich stark von den europäischen.

B [ ] In China ist zum Beispiel das Schlürfen üblich und es darf mit vollem Mund gesprochen werden.

C [ ] Das Ansaugen der Suppe ist durchaus sinnvoll denn dadurch kommt Luft in den Mund die das Aroma der Speisen verstärkt.

D [ ] Ältere Menschen werden bei Tisch besonders umsorgt indem man ihnen mit dem eigenen Essstäbchen leckere Bissen reicht.

E [ ] Gräten oder kleine Knochen dürfen auf den Tisch gespuckt werden aber das Niesen oder gar Schnäuzen ist streng verboten.

F [ ] Während bei uns keiner bei Tisch Fleischreste mit den Fingern aus den Zähnen ziehen sollte kann man das in Asien unbeschwert tun denn niemand findet dieses Verhalten unappetitlich.

3 ●●● **a Im folgenden Text fehlen die Satzzeichen. Zerlege ihn sinnvoll in mehrere Sätze.**
b Schreibe den Text mit richtiger Zeichensetzung ab.
Tipp: Achte auf die Großschreibung am Satzanfang und auf den Punkt am Satzschluss.

VORSICHT FEHLER!

Obwohl es nicht ganz einfach ist lernen chinesische Kinder das Essen mit Stäbchen schon im Kindergarten Wissenschaftler betonen dass dies das Gehirn trainiert denn die Koordination von Essen, Stäbchen und Mund ist anspruchsvoll alle Kinder in Asien wissen dass man mit Stäbchen nicht auf andere Leute zeigt sie dürfen das Essen nicht aufspießen obwohl das manchmal leichter wäre außerdem lernen die Kinder dass man Stäbchen nicht senkrecht in die Reisschale steckt das macht man nur bei einer Trauerfeier damit der Verstorbene im Himmel auf den das Stäbchen zeigt symbolisch mitessen kann

Das Komma bei Aufzählungen, Appositionen und Erläuterungen

Wissen und können | **Die Kommasetzung bei Aufzählungen**

- **Wörter und Wortgruppen in Aufzählungen** werden durch **Kommas** abgetrennt, z. B.: *Reisen in ferne Länder benötigen eine gute Vorbereitung, ausreichend viel Mut, große Lust auf Abenteuer.* Dies gilt **auch,** wenn das Wort oder die Wortgruppe durch **einschränkende Konjunktionen** wie ***aber, jedoch, sondern, doch*** eingeleitet wird, z. B.: *Erleben wird man viel Schönes, **aber** auch Ungewohntes.*
- **Achtung: Kein Komma** steht **vor** den **nebenordnenden Konjunktionen *und, oder, sowie, entweder ... oder, sowohl ... als auch,*** z. B.: *Reisen benötigen Vorbereitung, Mut **und** Lust auf Abenteuer. Schwierig kann **sowohl** die Verständigung **als auch** das Essen sein.*

nicht nur ..., sondern auch

1 **a** **Unterstreiche im folgenden Text die Aufzählungen.**
b **Setze die fehlenden Kommas.**

VORSICHT FEHLER!

Mahlzeiten in China

Wer als Tourist oder als Geschäftsmann nach China kommt, sollte damit rechnen, dass er nicht nur ungewohnte Tischsitten sondern auch einige Geschmacksabenteuer erleben wird. So wird in China zum Beispiel neben dem Fleisch von Schwein Rind und Huhn auch Entenfleisch verarbeitet. Milch Joghurt Käse und andere Milchprodukte werden hingegen nur selten verwendet, da viele Chinesen den Milchzucker (Lactose) nicht gut verdauen können. Bei einer typisch chinesischen Mahlzeit werden verschiedene Vorspeisen Hauptgerichte sowie der Nachtisch gleichzeitig zubereitet in verschiedene Schüsselchen gegeben und gemeinsam auf den Tisch gestellt. Man wird darunter Scharfes aber auch Süß-Saures finden. Auf jeden Fall gibt es morgens mittags und abends ausreichend Reis. Er darf bei keiner Mahlzeit fehlen. So nennen Chinesen ihre Mahlzeiten sogar Morgenreis Mittagsreis und Abendreis.

Wissen und können | **Die Kommasetzung bei Appositionen und nachgestellten Erläuterungen**

- Die **Apposition** (► S. 49) folgt ihrem Bezugswort (meist ein Nomen), steht im gleichen Kasus wie dieses und wird **durch Kommas abgetrennt,** z. B.: *Asien, ein vielfältiger Kontinent, lockt viele Touristen an.*
- Die **nachgestellte Erläuterung** wird oft mit Wörtern wie ***nämlich, und zwar, vor allem, das heißt (d. h.), zum Beispiel (z. B.)*** eingeleitet. Sie wird durch Kommas abgetrennt, z. B.: *Verschiedene Religionen, zum Beispiel den Buddhismus, kann man hier entdecken.*

2 **a** **Markiere im folgenden Text die Appositionen und die nachgestellten Erläuterungen.**
b **Setze die fehlenden Kommas.**

VORSICHT FEHLER!

Zu Gast in der indischen Provinz Ladakh

In Ladakh einer indischen Provinz im höchsten Gebirge der Welt nämlich dem Himalaya wird einem Gast als Erstes ein Tee angeboten. Dieser Tee wird in kleinen Gefäßen aus unterschiedlichem Material häufig aus Ton oder Metall serviert und riecht sehr streng. Er besteht aus Schwarztee, Salz und der Butter von Yaks einer dort heimischen Rinderart. Diese Butter ein kostbares Nahrungsmittel in der kargen und kalten Gegend schmeckt ranzig und intensiv nach Kuh. So zeigt sich in der freundlichen Frage „Butter tea?" so der Name des Tees zwar die äußerst herzliche Gastfreundschaft der Ladakhis, den Tee mit freundlichem Gesichtsausdruck zu trinken, kann dem Gast aus der Ferne zum Beispiel aus Deutschland aber schwerfallen.

Das Komma bei Infinitiv- und Partizipialkonstruktionen

Wissen und können — **Die Kommasetzung bei Infinitivkonstruktionen**

- **Infinitivgruppen darf** man immer durch ein **Komma** vom Hauptsatz trennen. Ein Komma **muss** stehen,
  – wenn die Infinitivgruppe mit ***um, ohne, statt, anstatt, außer, als*** eingeleitet wird, z. B.: *Buchen Sie keinen Urlaub, **ohne** sich vorher genau zu informieren.*
  – wenn die Infinitivgruppe von einem **Nomen** oder einem **hinweisenden Wort** wie ***dazu, daran, darauf*** oder ***es*** im Hauptsatz abhängt, z. B.: *Der Katalog dient **dazu,** die passende Unterkunft zu finden.*
- Bei **einfachen Infinitiven** (*zu* + Infinitiv) **kann** man das **Komma weglassen,** sofern dadurch kein Missverständnis entsteht, z. B.: *Sie versprach, ihm das Buch zurückbringen.* ⟷ *Sie versprach ihm, das Buch zurückzubringen.*

Tipp: Es empfiehlt sich, **bei Infinitivkonstruktionen stets ein Komma zu setzen,** weil es **nie falsch** ist.

1 **a Unterstreiche in den folgenden Sätzen die Infinitivgruppen.**
b Setze die fehlenden Kommas und markiere das hinweisende Wort im Hauptsatz.

VORSICHT FEHLER!

Um in Indien bei einer Einladung nicht anzuecken ist die Kenntnis grundlegender Benimmregeln wichtig. Anstatt das Haus des Gastgebers einfach zu betreten sollte man sich an der Schwelle die Schuhe ausziehen. Denn barfuß einzutreten ist eine vielerorts noch geschätzte alte Sitte. Üblich ist es auch sich vor und nach dem Essen die Hände zu waschen. Traditionell wird nämlich mit den Händen gegessen, wobei es allerdings als unanständig gilt die linke, „unreine" Hand zu benutzen. Statt sich über ein Gastgeschenk den Kopf zu zerbrechen sollte man sich lieber als Zeichen der Wertschätzung vor dem Gastgeber verbeugen.

Wissen und können — **Die Kommasetzung bei Partizipialkonstruktionen**

- Partizipialgruppen werden mit einem **Partizip I** (Partizip Präsens: *geh**end***) oder einem **Partizip II** (Partizip Perfekt: ***ge**gang**en***) gebildet, z. B.: *Das Haus barfuß **betretend,** erwies er sich als Kenner der Landessitten.*
- Partizipialgruppen **darf** man immer durch **Kommas** vom Hauptsatz trennen.
- Ein Komma **muss** stehen, wenn
  – mit einem **hinweisenden Wort** auf die Partizipialgruppe Bezug genommen wird, z. B.: ***Kopfnickend** und wortlos **lächelnd, so** bedankte er sich für die Speisen.*
  – die Partizipialgruppe eine **nachgestellte Erläuterung** ist, z. B.: *Verschiedene Currysorten**,** immer individuell **gemischt,** sorgen für die Schärfe der Speisen.*

2 **a Unterstreiche in den Sätzen A und B die Partizipialgruppen und setze die Kommas.**
b Formuliere die Partizipialgruppen in Sätze um und setze notwendige Kommas.

A Ausführlich bebildert so vermittelt der Ratgeber die wichtigsten Tischsitten des Urlaubslandes.

Dieser Ratgeber ist

B Der indische Kochkurs von allen mit Spannung erwartet wurde ein unvergleichliches Erlebnis.

Teste dich!

Zeichensetzung

VORSICHT FEHLER!

1 Setze im folgenden Text die fehlenden Kommas. (10 Punkte)

In vielen ostafrikanischen Ländern zum Beispiel in Kenia Tansania oder Uganda wird täglich Ugali – ein klebriger sättigender geschmacksneutraler Maisbrei – gegessen. Anstatt Besteck zu verwenden wird dieser mit der rechten Hand zu kleinen Kugeln geformt. Niemals wird mit der linken Hand gegessen denn sie gilt als unrein. Alle bedienen sich der Tradition entsprechend gemeinsam aus einer großen Schüssel. Sobald eine Ugalikugel in der Hand fertig gedreht ist tunkt man damit die Soße auf.

2 Begründe für jeden der folgenden Sätze die Kommasetzung. (5 Punkte)

A In Äthiopien, einem Land am Horn von Afrika, ersetzt ein dünnes Fladenbrot das Besteck.

B Das gesäuerte Brot, Injera genannt, wird aus Hirse-, Weizen- oder Reismehl hergestellt.

C Nachdem das Mehl mit Wasser vermischt wurde, muss der Teig einige Tage gären.

D Die Zusammensetzung des Mehls entscheidet, wie das Brot schmeckt.

E Injera macht nicht nur satt, sondern ein Stück davon dient auch als Teller oder Greifwerkzeug für die Beilage.

3 Korrigiere: Streiche im folgenden Text falsche Kommas durch und ergänze fehlende Kommas. (11 Punkte)

Wusstest du schon dass, in Südafrika gern Fleisch vom Springbock Warzenschwein und der Oryxantilope gegessen wird? Weitläufige Farmen dienen dort dazu den größten Vogel der Erde Strauß genannt zu züchten denn sein Fleisch schmeckt lecker. „Smaaklike ete", das heißt „Guten Appetit" wünschen sich die Südafrikaner auf Afrikaans. Afrikaans ist eine Sprache die aus dem Niederländischen stammt sie ist heute eine, von 11 Amtssprachen in Südafrika.

4 Vergleiche deine Ergebnisse mit dem Lösungsheft (► S. 29). Jede richtige Antwort gibt einen Punkt.

☺ 26–20 Punkte	😐 19–12 Punkte	☹ 11–0 Punkte
Gut gemacht!	Gar nicht schlecht! Wo hattest du Schwierigkeiten? Wiederhole die passenden Übungen auf den Seiten 85–88.	Du solltest noch einmal üben! Arbeite die Seiten 85–88 erneut durch.

Jahrgangsstufentest

Einen Jahrgangsstufentest meistern

Zu Beginn der 8. Klasse wird im Fach Deutsch **bayernweit** ein **Jahrgangsstufentest** abgehalten. Dieser stützt sich auf die bis dahin erworbenen Fähigkeiten, Texte genau zu lesen und sprachliche Probleme zu meistern.
Der Test gliedert sich in vier Teilbereiche:

I Textverständnis,
II Ausdrucksvermögen,
III Formale Sprachbeherrschung,
IV Rechtschreibung und Zeichensetzung.

Der folgende Test hilft dir zu erkennen und anzuwenden, was du im Fach Deutsch schon alles gelernt hast.
Es begegnen dir **verschiedene Aufgabenarten,** z. B.:

- in einer Auswahl von Antworten die richtige ankreuzen (Multiple Choice),
- eine Statistik auswerten,
- Ausdrücke oder Rechtschreibfehler verbessern,
- Synonyme finden.

Lies die Texte und die Aufgabenstellungen stets sehr **aufmerksam.**
Überlege, bevor du vorschnell ankreuzt, ob du **genau verstanden** hast, was verlangt wird.
Tipp: Stelle Aufgaben, die du nicht auf Anhieb lösen kannst, zurück und bearbeite sie zum Schluss.
Du kannst deine Antworten mit Hilfe des Lösungsheftes selbst prüfen und anhand der erreichten Punktzahl deinen **Lernstand bewerten.**
Stelle deine Fehlerschwerpunkte selbst fest und notiere, was du wiederholen und üben solltest.

Legendäre Achterbahnen – kopfüber durch das Kurvenmonster

Der Coney Island Cyclone, New York

1

Langsam, ganz langsam ruckelt die kleine Wagenkolonne die 40-Grad-Steigung hoch; „Sitzen bleiben!“, warnt ein Schild die Passagiere. Mit feuchten Hände umklammern die Insassen den Sicherungsbügel, der sie wie eine eiserne Pranke im Griff hält. In 26 Meter Höhe eine letzte, kleine Kurve. Dann: der Absturz! Mit Tempo 90 rast die „Cyclone“-Achterbahn auf ihren Holzschienen in die Tiefe, im Hintergrund die Skyline von New York City.

2

Seit 1927 verschafft der legendäre Rollercoaster im Vergnügungspark Coney Island bei New York ganzen Generationen das ultimative Kribbeln im Bauch. Seit 1988 steht die vielleicht berühmteste Achterbahn der Welt gar unter Denkmalschutz – und fährt selbst nach der Schließung von Coney Island im September 2008 weiter.

3

Denkmalschutz für ein Rummelplatzgefährt? In Deutschland schwer vorstellbar. Dabei ist es genau 100 Jahre her, dass die Achterbahn Deutschlandpremiere feierte – unter dem holperigen Namen „Auto-Luft-Bahn“. Der Münchner Schausteller Carl Gabriel ließ 1908 auf einer Landwirtschaftsausstellung parallel zum Münchner Oktoberfest aus Holzbalken ein in Deutschland nie gesehenes Fahrgeschäft zimmern. Die Strecke in Form einer liegenden Acht gab der neuen Attraktion den Namen – als Achterbahn eroberte das Gefährt bald deutsche Jahrmärkte und Festwiesen.

4

Konstruiert wurden die Schleudern auf Schienen damals noch ohne große Rücksichtnahme auf Kurvendynamik und Fliehkraft. In vielen Achterbahnen fuhren deshalb Bremser mit, die die Wagen per Muskelkraft vor dem Abflug in den Kurven bewahrten. Erst mit der Zeit wurden Sicherungssysteme entwickelt, die verhinderten, dass Züge beim Aufstieg plötzlich zurückrollten oder bei zu hoher Geschwindigkeit auf den Kuppen abhoben wie Skispringer auf der Flugschanze.

Die erste große Stahlachterbahn der Welt, die „Matterhorn Bobsleds“ im Disneyland, markierte einen Meilenstein in der Geschichte des Rollercoaster. Mit dem Einzug des Stahls rollten die Innovationen nun mit ebenso schnellem Tempo heran wie die Achterbahn selbst. Wilde Kurven, wie Korkenzieher im Raum verdrehte Schienen und natürlich der König des gepflegten Schreckens, der Looping. Auch wenn der einfache oder gleich mehrfache Schienensalto inzwischen untrennbar mit der Achterbahn verbunden ist, gehört der Looping tatsächlich erst seit relativ kurzer Zeit ins Repertoire. Noch 1954 trat die Polizei auf den Plan, um auf dem Bremer Freimarkt eine Doppel-Loopingbahn stillzulegen, nachdem sich Fahrgäste über Schmerzen an der Wirbelsäule beklagt hatten. 5

Erst 1976 war die Zeit reif für das wohl letzte Abenteuer auf Schienen: „The Great American Revolution“ hieß die erste große Achterbahn mit vertikalem Looping. Möglich gemacht hatte die Kopf-Über-Figur der deutsche Achterbahnkonstrukteur Werner Stengel. Der spezielle Clou: Stengels Looping war nicht kreisrund, sondern hatte Tropfenform – die Belastungen für die Insassen wurden so erheblich reduziert. Außerdem baute Stengel Achterbahnen nun so, dass der Kopf des Fahrgastes immer gerade auf einer Linie mit dem Rumpf blieb und nicht, wie bis dahin üblich, ständig hin- und hergeschleudert wurde. 6

Werner Stengel

Anders als ihre eher ahnungslosen Vorgänger spielen die Konstrukteure von Achterbahnen heute ganz gezielt mit der Physik – und deren Grenzen. In den Rollercoastern des 21. Jahrhunderts werden die Passagiere mit bis zu sechsfacher Erdanziehungskraft in den Sitz gepresst. Ein Achterbahnfahrer, der 70 Kilogramm wiegt, bekommt dann für kurze Zeit Gegenkräfte von über 350 Kilogramm zu spüren. Eine Belastung, die der Mensch nur Sekundenbruchteile aushält. 7

Als eine der schnellsten und höchsten Bahnen der Welt gilt der „Kingda Ka“ im Freizeitpark Six Flags Great Adventure bei New York. Das 140 Meter hohe Ungetüm katapultiert seine Besucher auf eine Spitzengeschwindigkeit von bis zu 204 Stundenkilometern. „Es ist wie von der Pferdekutsche zum Formel-Eins-Wagen“, beschreibt Ingenieur Stengel die Entwicklung der Achterbahn von der langsamen Rumpelfahrt zu Looping-Raketen. 8

Kompetenzbereich I: Textverständnis

1 Der Text ist in Abschnitte gegliedert. Gib an, welcher Abschnitt zu welcher Überschrift passt. Notiere die Ziffer.

☐ Wiedergeburt aus Stahl

☐ Tropfenform als bahnbrechende Neuerung

☐ Hart an der Grenze

☐ Ursprung des Begriffs „Achterbahn“

2 Prüfe anhand des Textes die folgenden Aussagen und kreuze das Zutreffende an.

A Der Rollercoaster im Vergnügungspark Coney Island wurde aus Denkmalgründen geschlossen. ☐ richtig ☐ falsch ☐ nicht enthalten

B Der Beruf des sogenannten „Bremsers“ war nicht ungefährlich. ☐ richtig ☐ falsch ☐ nicht enthalten

C Der Konstrukteur Werner Stengel entwarf die ersten Sicherungssysteme für Achterbahnen. ☐ richtig ☐ falsch ☐ nicht enthalten

3 Kreuze an, in welchen Textabschnitten über die Gefahren von Achterbahnen informiert wird.

☐ 1 ☐ 2 ☐ 3 ☐ 4 ☐ 5 ☐ 6 ☐ 7 ☐ 8

4 Kreuze an, welche Funktion der Abschnitt für den Text hat.

Abschnitt 1 (Z. 1–6)

- ☐ veranschaulicht die Gefährlichkeit der ersten Achterbahnen.
- ☐ zieht den Leser mit einem szenischen Einstieg in das Geschehen hinein.
- ☐ gibt anhand eines Beispiels einen historischen Überblick.
- ☐ stellt dem Text eine kurze Zusammenfassung voran.

Abschnitt 7 (Z. 42–46)

- ☐ führt vom Thema weg.
- ☐ steht im Widerspruch zum Kerngendanken des sechsten Abschnitts.
- ☐ enthält einen indirekten Appell an die Leser.
- ☐ führt einen Gedanken des vierten Abschnitts weiter.

5 Zur Veranschaulichung enthält der Text mehrere sprachliche Bilder.
Ordne den folgenden Textstellen die dafür passenden Fachbegriffe zu:

„Als Achterbahn eroberte das Gefährt bald deutsche Jahrmärkte" (Z. 16). ____________________

„Schleudern auf Schienen" (Z. 18). ____________________

„Es ist wie von der Pferdekutsche zum Formel-Eins-Wagen" (Z. 49 f.). ____________________

6 Prüfe anhand der Tabelle die nachstehenden Aussagen A bis E.
Kreuze jeweils an, ob die Aussage richtig, falsch oder nicht im Text enthalten ist.

Name	Land/Besonderheit	max. Geschw.	Höhe	Länge	Fahrtzeit	Eröffnung
Colossos	Heide Park, Soltau (Deutschland); höchste und schnellste Holz-achterbahn der Welt	120 km/h	60 m	1 344 m	2:25 Min.	2001
Silver Star	Europa-Park, Rust (Deutschland)	127 km/h	73 m	1 620 m	4:00 Min.	2002
Kingda Ka	Six Flags Great Adventure, Jackson (USA)	204 km/h	139 m	950 m	0:28 Min.	2005
Steel Dragon	Nagashima Spa Land, Kuwana (Japan)	153 km/h	97 m	2 479 m	4:00 Min.	2006
Formula Rossa	Ferrari World, Abu Dhabi (Vereinigte Arabische Emirate)	240 km/h	52 m	2 000 m	1:33 Min.	2010
Skyscraper	SkyPlex, Orlando (USA)	105 km/h	153 m	1 600 m	4:00 Min.	2017

A Colossos ist die schnellste Achterbahn Deutschlands. ☐ richtig ☐ falsch ☐ nicht enthalten

B Die maximal erreichbare Geschwindigkeit hängt von der Länge der Bahn ab. ☐ richtig ☐ falsch ☐ nicht enthalten

C In den USA gibt es die meisten Achterbahnen der Welt. ☐ richtig ☐ falsch ☐ nicht enthalten

D Seit 2000 wurden sechs neue Achterbahnen eröffnet. ☐ richtig ☐ falsch ☐ nicht enthalten

E Auch eine deutsche Achterbahn hält einen Weltrekord. ☐ richtig ☐ falsch ☐ nicht enthalten

Kompetenzbereich II: Ausdrucksvermögen

7 Der folgende Ausschnitt aus einem Schülertext enthält 6 Ausdrucksfehler.
Verbessere diese Fehler jeweils in der Zeile daneben.
Der Sinn des Textes darf dabei nicht verändert werden.

VORSICHT FEHLER!

Die ersten „Achterbahnen“ wurden schon im 16. Jahrhundert ____________
im russischen Zarenreich gebildet – als eine Art Winterfun: ____________
Auf Marktplätzen errichteten die Russen knapp 25 Meter hohe ____________
Holzkonstruktionen, übergossen diese mit Wasser und ließen sie ____________
über Nacht zu Rodelbahnen vergletschern. Als 1812 französische ____________
Soldaten nach Russland kamen, waren sie von den „Russischen ____________
Bergen“ so begeistert, dass sie die Bahnen daheim nachbauten. ____________
Weil die Winter in Frankreich aber selten lang anhalten, ver- ____________
sorgten sie die Schlitten mit Rädern. So mussten die Franzosen ____________
im Sommer nicht auf die rasenden Fahrten verzichten. ____________

8 Ersetze in jedem der folgenden Sätze das unterstrichene Fremdwort durch ein deutsches Synonym.
Der Sinn des Satzes darf dabei nicht verändert werden.

Freizeitparks bieten immer wieder besondere Innovationen ____________.

Dennoch ist der Hype ____________ um so manches neue Fahrgeschäft übertrieben.

Wirklich sensationell ____________ sind nur einige der sogenannten Megacoaster.

Diese ziehen dann das Gros ____________ der Besucher an.

Kompetenzbereich III: Formale Sprachbeherrschung

9 Forme die folgenden wörtlichen Reden jeweils in die indirekte Rede um.
Verwende dazu den Konjunktiv I, wo es möglich ist, und den Konjunktiv II, wo nötig.

Kim: „Wir müssen unbedingt den neuen Looping testen!“

Kim schlägt vor, ____________.

Emma: „Ich bin dabei.“

Emma erwidert, ____________.

Leo: „Ich komme nicht mit, mir wird immer gleich schlecht.“

Leo ____________.

10 Gib die folgenden Aussagen wie jeweils angegeben auf indirekte Weise wieder.

Frau Schlögel (Ingenieurin): Selten ist bisher ein Unglück durch einen technischen Defekt verursacht worden.

wie-Satz: Wie die Ingenieurin versichert,

Mechaniker: Wir warten die Achterbahnen regelmäßig.

dass-Satz:

Infinitivkonstruktion:

Herr Urner (Sicherheitsdienst): Ich habe Fahrgäste beobachtet, die durch leichtsinniges Verhalten einen Unfall provozieren.

Infinitivkonstruktion:

11 a Benenne wie in Beispiel A auch die in B und C unterstrichenen Nebensätze mit dem lateinischen Fachausdruck.

b Forme die Nebensätze in B und C jeweils in einen Satz mit einer adverbialen Bestimmung (Adverbiale) so um, dass der Sinn sich nicht ändert, z. B.:

A Nachdem im Jahr 1846 der erste Looping eingeführt worden war, entwickelten sich die Bahnen in Europa zu einem Kassenschlager.

Nebensatz: Adverbialsatz temporal / Temporalsatz

Umformung: Nach der Einführung des ersten Loopings im Jahr 1848 entwickelten sich die Bahnen in ...

B Obwohl anfänglich ihre Gesundheit gefährdet war, ließen sich viele Fahrgäste nicht von diesem Vergnügen abhalten.

Nebensatz:

Umformung:

C Heutzutage sind Unfälle äußerst selten, weil die Technik der Achterbahnen ausgefeilt ist.

Nebensatz:

Umformung:

Kompetenzbereich IV: Rechtschreibung und Zeichensetzung

**12 Die folgende Geburtstagseinladung enthält 15 Rechtschreibfehler.
Unterstreiche die falsch geschriebenen Wörter und verbessere sie in der rechten Spalte.**

VORSICHT FEHLER!

Noch heute abend antworten: Einladung zur
Geburtstagsfeier! Freut euch, denn wir dürfen
am samstag feierngehen.
Seid ihr schwindelfrei? Jch habe mir nemlich das
Achterbahn fahren im Vergnügungspark gewünscht.
Dort steht auch eines der grösten Riesenräder
Europas. Oben erwartet uns etwas sehr schönes:
Wir werden einen wunderbaren Aussblick über
die ganze Stadt haben.
Seid ihr seetauglich? Denn es gibt auch eine risige,
neue Schifschaukel. Beim schaukeln heist es
gut festhalten!
Seid ihr mutig? Dann könnt ihr mit mir auf
den Freifalturm kommen. Das wird ein kribbeln
im Bauch geben, wenn wir aus 30 Metern Höhe
nach unten Rauschen.
Jch freue mich auf euer Kommen!
Leopold

13 Setze im folgenden Text die neun fehlenden Kommas.

In den bayrischen Vergnügungsparks kommen nicht nur die großen Gäste auf ihre Kosten sondern auch die kleinen. Neben den Achterbahnen die Namen haben wie „Der voglwuide Sepp“ oder „Freischütz“ gibt es auch Kettenkarussells lange Rutschbahnen oder Autoscooter. Wer es etwas nasser möchte der sollte eine der zahlreichen Wasserrutschen testen. Man kann in einem solchen Park den ganzen Tag verbringen ohne sich zu langweilen und wer möchte hat sogar immer öfter die Möglichkeit in einem Freizeitland auch zu übernachten. Da ist der grenzenlose Spaß vorprogrammiert.

14 a Vergleiche deine Ergebnisse zu den Aufgaben 1 bis 13 (▶ S. 91–95) mit dem Lösungsheft (▶ S. 30–31).
**b Zähle deine Punkte zusammen. Wo hast du nur wenige Punkte erreicht?
Bearbeite diese Aufgaben erneut oder lass dir von deiner Lehrkraft weiterhelfen.**

Autoren- und Quellenverzeichnis

S. 4: Überfluss an Informationen. Nach: Jennifer Köllen: Digitale Abstinenz – „Zu viel Smartphone macht unglücklich“. www.spiegel.de/gesundheit/diagnose/digitaler-burnout-zu-viel-smartphone-macht-ungluecklich-a-1056361.html [03.05.2018] **S. 6:** Digital Detox. Nach: Digital Detox – Handysektor ruft zum Handyfasten auf.www.handysektor.de/de/geraete-technik/detailansicht/article/digital-detox-handysektor-ruft-zum-handyfasten-auf.html [03.05.2018] **S. 6:** Daniela Otto: Digitales Fasten oder „Weniger ist mehr“. Nach: www.vcg.de/news/digitales-fasten-auf-dem-fairway/ [03.05.2018] **S. 9:** Aichinger, Ilse: Das Fenster-Theater. Aus: Der Gefesselte. Erzählungen. Fischer Verlag: Frankfurt a. M. 1953. **S. 26:** Eichendorff, Joseph von: Der Schatzgräber. Aus: Deutsche Balladen. Hg. v. Laufhütte, Hartmut. Philipp Reclam: Stuttgart 1991, S. 187. **S. 50:** Erhardt, Heinz: Der Stier. Aus: Die Gedichte. Hinter eines Baumes Rinde ... Lappan Verlag, Oldenburg/Hamburg [3]2016, S. 63. **S. 65:** Schlafen am Nordpol – eine Freizeitbeschäftigung. Aus: Laffon, Caroline und Martine: Kinder in fernen Ländern – für uns erzählt. Knesebeck Verlag: München 2005, S. 43. **S. 73:** Omar in der Karibik. Nach: Kindersly, Barnabas und Anabel: Kinder aus aller Welt. Dorling Kindersly, München 2010, S. 16 f. **S. 74:** Olja aus Moskau. Aus: Kindersly, Barnabas und Anabel: Kinder aus aller Welt. Dorling Kindersly, München 2010, S. 30 f. **S. 90:** Miebach, Moritz: Legendäre Achterbahnen – kopfüber durch das Kurvenmonster. Nach: www.spiegel.de/einestages/legendaere-achterbahnen-a-947940.html [14.12.2017]

Bildquellenverzeichnis

S. 4: © VcG (Vereinigung clubfreier Golfspieler), Quelle: Alexander Markowetz: Digitaler Burnout / Universität Bonn; **S. 5:** Quelle: Bitkom Research; **S. 6:** ddp images/ Maksym Yemelyanov; **S. 13 o. l.:** stock.adobe.com/Kathrin39, **o. r.:** stock.adobe.com/Digitalpress, **Mitte:** stock.adobe.com/pete pahham, **u. l.:** stock.adobe.com/ Piotr Marcinski, **u. r.:** Shutterstock/Paolo Schorli; **S. 17:** Süddeutsche Zeitung Photo/imageBROKER/Siepmann; **S. 25:** Cornelsen Verlag; **S. 29 oben:** stock.adobe.com/ Bastos, **unten:** stock.adobe.com/wonderisland; **S. 32:** ASTERIX®-OBELIX®-IDEFIX® / © 2018 LES ÉDITIONS ALBERT RENÉ / GOSCINNY – UDERZO; **S. 33:** stock.adobe.com/Anna Velichkovsky **S. 34:** stock.adobe.com/fotomek; **S. 35:** Shutterstock/aslysun; **S. 36:** imago/United Archives International; **S. 38 oben:** J.R.R. Tolkien: Der kleine Hobbit © für die Covergestaltung von Max Meinzold: dtv Verlagsgesellschaft, München, **Mitte:** © 2018 Impian GmbH, Hamburg, **unten:** Wolfgang Kuhn: Mit Jeans in die Steinzeit © für die Covergestaltung von Peter Knorr: dtv Verlagsgesellschaft, München; **S. 39:** mauritius images/alamy stock photo/Paul Fearn; **S. 40:** stock.adobe.com /Frieder Werth; **S. 41, 95:** imago/allOver-MEV; **S. 42:** Bridgeman Images/ Bibliotheque Nationale, Paris; **S. 43:** akg-images/De Agostini Picture Library/A. Dagli Orti; **S. 45:** stock.adobe.com/blende11.photo; **S. 48 links:** picture-alliance/akg-images, **Mitte:** stock.adobe.com/h_lunke, **rechts:** Werbeplakat Käthchen Paulus, © Zoologischer Garten Frankfurt/M.; **S. 49, 89:** picture-alliance/dpa; **S. 51:** www.coulorbox.de/Stuart Miles; **S. 53:** picture-alliance; **S. 56:** stock.adobe.com/magele-picture; **S. 58:** stock.adobe.com/Pixelmixel; **S. 61:** Michélle Pyka, Wuppertal; **S. 64:** © UNICEF; **S. 68:** Shutterstock/1000 Words; **S. 72:** Keltendorf Gabreta, Lichtenau 1 a, 94160 Ringelai; **S. 73 oben rechts:** Shutterstock/stockphoto-graf; **S. 74:** Getty Images/Stockbyte; **S. 79 oben:** stock.adobe.com/fuxart, **unten:** stock.adobe.com/kernel; **S. 81:** stock.adobe.com/jro-grafik; **S. 82:** stock.adobe.com/carmelod; **S. 83:** picture-alliance/Sodapix AG; **S. 84:** imago/Westend61; **S. 86:** Getty Images/Photonica/Eric Gregory Powell; **S. 90:** Shutterstock/Elliotte Rusty Harold; **S. 91:** ddp images/Lennart Preiss

Impressum

Teile einiger Kapitel wurden erarbeitet von:
Petra Bowien, Cordula Grunow, Angela Mielke, Deborah Mohr, Vera Potthast, Gerhild Schenk, Irmgard Schick, Sandra Simberger und Andrea Wagener

Redaktion: Thorsten Feldbusch
Coverfoto: Thomas Schulz, Teupitz

Illustrationen:
Uta Bettzieche, Leipzig: S. 21–22, 24, 31
Maja Bohn, Berlin: S. 80
Nils Fliegner, Hamburg: S. 37, 46–47, 52, 55, 57, 60
Peter Menne, Potsdam: S. 62–63, 65–66, 70, 73 unten, 75–76
Sulu Trüstedt, Berlin: S. 9, 11–12

Umschlaggestaltung und Layoutkonzept: werkstatt für gebrauchsgrafik, Berlin
Layout und technische Umsetzung: lernsatz.de

www.cornelsen.de

Druck: Parzeller print & media GmbH & Co. KG, Fulda

Ausgabe ohne interaktive Übungen
1. Auflage, 1. Druck 2019
ISBN 978-3-06-062784-4

Ausgabe mit interaktiven Übungen
1. Auflage, 1. Druck 2019
ISBN 978-3-06-062790-5

PEFC
PEFC/04-31-1308

PEFC zertifiziert
Dieses Produkt stammt aus nachhaltig bewirtschafteten Wäldern und kontrollierten Quellen.
www.pefc.de

Weitere Bestandteile des Lehrwerks
– Schülerbuch 7 (978-3-06-062778-3)
– E-Book zum Schülerbuch 7 (978-3-06-061721-0)
– Servicepaket 7 (978-3-06-062796-7)
– Servicepaket 7 auf USB-Stick mit Unterrichtsmanager (978-3-06-200171-0)
– Schulaufgabentrainer 7 (978-3-06-200226-7)
– interaktive Übungen 7 (978-3-06-067503-6)
– interaktive Übungen 7 Schullizenz (978-3-06-067500-5)
– Onlinediagnose 7 (978-3-06-068031-3)